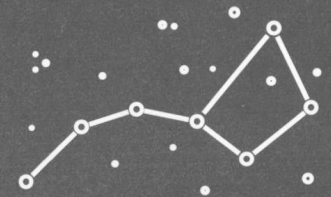

태양계 너머
거대한 우주 속으로

자일스 스패로우 선생님은
작가이자 프리랜서 편집자로 활동하고 있습니다. 주로 일반인을 위한 과학책을 만듭니다.
특히 어린이를 위한 우주 관련 책을 여러 권 냈습니다.

이강환 선생님은
서울대학교 천문학과를 졸업하고 같은 대학원에서 박사 학위를 받았습니다. 영국 켄트대학교에서
로열 소사이어티 펠로로 연구했고, 국립과천과학관에서 천문 분야 관련 시설 운영과 프로그램 개발을
했습니다. 현재 서대문자연사박물관 관장이며 글, 강연, 팟캐스트 등 여러 매체를 통해 사람들에게 널리
과학을 알리는 일을 합니다. 지은 책으로《이강환 선생님이 들려주는 응답하라 외계생명체》,
《우주의 끝을 찾아서》,《빅뱅의 메아리》들이 있으며《우주의 끝을 찾아서》로 제55회 한국출판문화상을
수상했습니다. 옮긴 책으로《초등학생이 알아야 할 우주 100가지》,《신기한 스쿨버스》,
《세상은 어떻게 시작되었는가》,《우리 안의 우주》들이 있습니다.

태양계 너머 거대한 우주 속으로

처음 펴낸 날 | 2019년 7월 31일   두 번째 펴낸 날 | 2021년 1월 25일
글쓴이 | 자일스 스패로우   옮긴이 | 이강환

펴낸이 | 김태진
펴낸곳 | 다섯수레

기획편집 | 김경희, 장예슬, 박지연   디자인 | 이영아
마케팅 | 박희준, 박주현   제작관리 | 송정선

등록번호 | 제3-213호   등록일자 | 1988년 10월 13일
주소 | 경기도 파주시 광인사길 193(문발동) (우 10881)
전화 | (031) 955-2611   팩스 | (031) 955-2615
홈페이지 | www.daseossure.co.kr   인쇄 | (주)로얄 프로세스

ⓒ 다섯수레, 2019

ISBN 978-89-7478-425-6 74030
ISBN 978-89-7478-424-9(세트)

Children's Encyclopedia of Space

Children's Encyclopedia of Space ⓒArcturus Holdings Limited All rights reserved.
Korean translation Copyright ⓒ2019 Daseossure License arranged through KOLEEN AGENCY, Korea.
All rights reserved.

이 책의 한국어판 저작권은 콜린 에이전시를 통해 저작권자와 독점 계약한 다섯수레에 있습니다.
신 저작권법에 의해 한국 내에서 보호를 받는 저작물이므로 무단 전재와 무단 복제를 금합니다.

알고 있나요? ❷ 우주

태양계 너머
거대한 우주 속으로

자일스 스패로우 글 | 이강환 옮김

다섯수레

차례

우주 이야기를 시작하며   6

제1장 :: 태양계

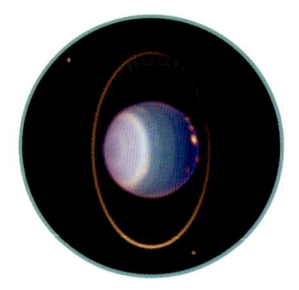

태양의 가족	8	태양	10
수성과 금성	12	지구	14
달	16	화성	18
소행성대	20	목성	22
토성, 천왕성, 해왕성	24	명왕성과 그 너머	26

제2장 :: 밤하늘

별을 보는 방법	28	낮과 밤	30
지구의 공전	32	일식과 월식	34
유성	36	운석 충돌	38
하늘의 빛	40	혜성	42
북반구의 밤하늘	44	남반구의 밤하늘	46

제3장 :: 우주 관찰하기

우주 공간	48	천문학의 탄생	50
망원경	52	대형 망원경	54
전자기파 스펙트럼	56	적외선 망원경	58
전파 천문학	60	특수한 빛	62
허블 우주 망원경	64	우주 망원경들	66

제4장 :: 우주 속의 인간

로켓	68	개척자들	70
우주 왕복선	72	발사대	74
우주 비행사 훈련	76	초기 우주 정거장	78
국제 우주 정거장	80	인공위성	82
우주 탐사선	84	미래	86

제5장 :: 우주에 대한 모든 것

우주	88	빅뱅	90
팽창하는 우주	92	은하들	94
은하가 만들어지는 방법	96	우리은하	98
가까운 은하들	100	이상한 은하들	102
암흑 물질	104	외계 생명체	106

제6장 :: 별에 대한 모든 것

별	108	별의 종류	110
별의 탄생	112	별의 죽음	114
중성자별	116	블랙홀	118
별 사이의 공간	120	별의 집단	122
구상 성단	124	외계 행성	126

우주 이야기를 시작하며

우주는 아주 커다란 공간이에요. 우리가 볼 수 있는 것보다 더 멀리 모든 방향으로 펼쳐져 있지요. 우주에는 아주 작은 먼지부터 아주 커다란 초은하단까지 엄청나게 많은 종류의 물체들이 있어요. 그 가운데 가장 흥미로운 것은 별, 행성, 성운, 은하, 은하단이에요.

별

'별'은 단단하게 뭉쳐진 둥근 기체 덩어리예요. 별의 중심부에서 핵반응을 일으켜서 스스로 빛을 내요. 우리 태양도 별이지요. 어떤 별은 태양보다 훨씬 더 작고 어둡지만, 어떤 별은 태양보다 100배 더 크고 100만 배 더 밝기도 해요.

행성

'행성'은 별의 주위를 도는 둥글고 큰 암석 또는 기체예요. 우리 태양계에는 8개의 행성과 몇 개의 왜소 행성이 있어요. 그리고 소행성과 혜성, 먼지와 같은 작은 물체들이 많이 있지요.

성운

별과 별 사이는 우리 눈에 보이지 않는 기체와 먼지로 가득 차 있어요. 이것을 '성운'이라고 해요. 성운의 크기와 부피가 줄어들어 새로운 별이 만들어질 정도로 밀도가 높아지면 안에서부터 빛이 나요.

은하

'은하'는 별, 기체, 먼지, 성운과 같은 여러 물체가 있는 커다란 집단이에요. 은하는 '중력'이라고 부르는 힘에 묶여 있는데, 중력은 천체가 물체를 잡아당기는 힘을 말해요. 은하는 여러 가지가 있어요. 은하의 모양이나 은하 안에 있는 별의 성질, 기체나 먼지의 양이 다양하기 때문이에요.

지구에서 본 '우리은하'의 모습이에요. 우리가 얼마나 좋은 기술로 어떤 것을 보느냐에 따라 우리가 볼 수 있는 우주의 모습이 달라져요.

은하단

수백 개에서 수천 개의 은하가 모여 '은하단'을 이뤄요. 은하단의 길이는 수백만 '광년'에 이르지요. 1광년은 빛이 진공 속에서 1년 동안 간 거리를 뜻하고, 그 거리는 약 9조 5000억 킬로미터나 돼요. 은하단들은 끝부분이 서로 연결되어 우주에서 가장 큰 집단인 '초은하단'을 만들어요.

제1장 태양계

태양의 가족

'태양계'는 우리의 별인 태양을 둘러싸고 있는 공간이에요. 태양계에는 작은 먼지나 얼음 덩어리에서부터 지구를 포함한 8개의 행성까지 수십억 개의 물체가 있어요.

8개의 행성과 그 바깥

태양계의 행성은 크게 두 가지로 나눌 수 있어요. 태양에서 가까운 곳에는 암석으로 이루어진 4개의 작은 행성이 있고, 그보다 먼 곳에는 기체와 얼음으로 이루어진 4개의 커다란 행성이 있어요. 지구는 태양에서 세 번째로 가깝고, '암석 행성' 가운데 가장 커요.

> 화성은 태양에서 네 번째로 가까운 행성이고, 암석 행성 가운데 가장 바깥쪽에 있어요. 지름이 지구의 절반보다 조금 더 크지요.

> 태양에서 두 번째로 가까운 행성인 금성은 지구와 크기가 비슷해요.

> 태양은 약 45억 년 전에 태어났어요. 막 태어난 태양 주위를 남아 있는 기체와 먼지가 돌고 있어요.

> 수성은 행성들 가운데 가장 작고, 태양에서 가장 가까워요.

> 지구는 암석 행성 가운데 큰 자연 '위성'을 가진 하나밖에 없는 행성이에요. 위성은 행성의 둘레를 도는 천체를 뜻해요. 지구의 위성은 달이지요.

알고 있나요? 천문학자들은 태양계 안에서의 거리를 '천문단위(AU, Astronomical Units)'로 측정해요. 1AU는 지구와 태양 사이의 평균 거리인 1억 4960만 킬로미터예요.

이름 : 태양계
행성 : 8개
태양에서 가장 먼 해왕성의 궤도 반지름 : 45억 킬로미터
태양권의 반지름 : 180억 킬로미터
태양의 중력이 미치는 지역 : 4광년

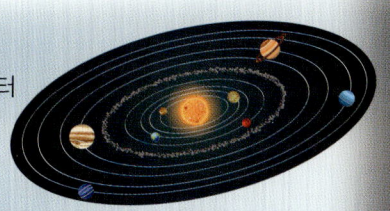

천체 프로필

태양계는 어디서 끝날까요?

태양계가 끝나는 곳에 대해서는 천문학자들마다 의견이 달라요. 어떤 천문학자들은 '태양풍*'이 미치는 영역인 '태양권'까지라고 이야기해요. 또 어떤 천문학자들은 태양의 중력이 물체를 잡고 있을 수 있는 영역인 가장 가까운 별까지 거리의 절반 정도라고 이야기해요.

목성은 태양과 다섯 번째로 가까운 행성이에요. 태양계의 행성 가운데 가장 커요.

천왕성은 얼음으로 이루어진 거대 행성이에요. 하지만 목성과 토성보다는 상당히 작아요.

태양권을 벗어나던 우주 탐사선이 태양풍의 성질이 바뀌는 것을 발견했어요.

해왕성은 태양에서 가장 멀리 떨어져 있어요. 지구보다 약 네 배 정도 커요.

옛날에는 토성이 태양에서 가장 멀리 떨어져 있다고 생각했어요.

토성은 아름다운 큰 고리를 가진 행성으로 유명해요. '거대 행성'은 모두 고리를 가지고 있어요. 하지만 토성의 고리가 가장 뚜렷하고 화려해요.

*태양풍 : 태양에서 불어오는, 입자들이 포함된 바람.

태양

'태양'은 나이가 지긋한 아주 평범한 별이에요. 하지만 태양에서 나오는 열, 빛, 입자의 흐름은 지구뿐만 아니라 태양계에 있는 모든 행성들의 환경을 결정해요.

태양은 어떤 별일까요?

태양의 표면은 엄청 뜨거운 기체로 이루어져 있어요. 기체의 온도는 5500도 정도예요. 이 기체는 태양의 안쪽에서 올라와 바깥쪽에서 빛을 내요. 기체가 식으면 다시 핵으로 들어가지요. 태양에서 끊임없이 흘러나오는 입자들은 태양풍이 되어 태양계를 가로지르며 날아가요.

태양에서 흘러나온 입자들의 일부는 지구의 자기장에 이끌려 들어와 지구의 공기 입자들과 부딪치며 오로라(40쪽 참고)를 만들어요.

지구의 자기장이 태양풍으로부터 지구를 보호해 줘요.

태양의 활동 주기

태양의 어떤 활동들은 일정한 간격을 두고 되풀이돼요. 태양 표면의 어두운 부분인 '흑점'은 많아졌다가 줄어들어요. 태양 위로 높이 솟아오르는 붉은 불꽃 모양의 기체 고리인 '홍염'도 마찬가지예요. 또 태양의 표면에서 엄청난 양의 에너지가 뿜어 나오는 '플레어' 현상도 있지요. 이 모든 활동은 태양의 자기장* 변화에 영향을 받아서 11년마다 반복돼요.

천문학자들은 눈을 보호하는 특별한 망원경을 이용해 태양을 연구해요. 절대 태양을 눈으로 직접 쳐다보면 안 돼요. 태양이 너무 밝아서 눈을 다칠 수 있으니까요.

홍염은 태양의 표면에서 만들어지는 자기장 고리를 따라 기체가 흐를 때 보여요. 고리의 양쪽 끝에는 흑점들이 모여 있어요.

*자기장 : 자석의 힘이 미치는 공간. 지구가 커다란 자석이기 때문에 지구 둘레에도 자기장이 만들어짐.
*자전 : 천체가 한 축을 중심으로 해 스스로 한 바퀴 도는 일.

천체 프로필

- 이름 : 태양
- 지름 : 139만 킬로미터
- 지구에서부터 떨어진 거리 : 1억 4960만 킬로미터
- 자전* 주기 : 약 25일
- 질량 : 지구의 약 33만 3000배

눈에 보이는 태양의 표면을 '광구'라고 해요. 광구 바깥쪽 기체는 투명해서 보이지 않아요.

흑점의 온도는 약 3500도로, 주위보다 온도가 훨씬 낮아요.

알고 있나요? 태양은 고체가 아니기 때문에 위도에 따라 '자전'의 속도가 달라요. 적도지방의 자전 속도는 극지방의 자전 속도보다 빨라요.

수성과 금성

'수성'과 '금성'은 지구보다 태양에서 가까운 궤도를 돌아요.
두 행성 모두 엄청나게 뜨거운 '암석 행성'이지요. 수성 표면은
달 표면과 아주 비슷하고, 88일 만에 태양 주위를 한 바퀴 돌아요.
금성은 지구와 크기는 비슷하지만 대기*는 달라요.

뜨거운 표면

수성과 금성의 표면 온도는 430도가 넘어요. 금성은 수성보다
태양에서 더 멀리 떨어져 있지만, 표면 온도는 조금 더 높아요.
왜냐하면 금성의 대기가 열을 붙잡아 두기 때문이에요.
금성은 낮이나 밤이나 약 460도의 표면 온도를 유지해요.
하지만 수성은 대기가 없기 때문에 밤에는 온도가
영하 170도까지 내려가지요.

수성의 표면은 달의 표면처럼 구덩이가 많아요.

금성에 있는 '마트 화산'을 3차원으로 나타낸 모습이에요.

금성에 가 볼 수 있을까요?

금성은 지구보다 100배 두터운 대기를 가지고 있어요.
대기의 대부분이 이산화탄소로 이루어져 있고,
황산비가 내리지요. 사람이 아무 장비도 없이 금성에
간다면 순식간에 숨이 막히고, 짓뭉개지고, 구워질
거예요. 로봇 탐사선도 겨우 몇 분밖에 버티지
못했어요. 그래서 천문학자들은 금성에 가는 대신
레이더를 이용해 금성의 지도를 그렸어요.

알고 있나요? 금성은 하루가 1년보다 긴, 하나밖에 없는 행성이에요.

독하고 두터운 대기를 없애면, 사진과 같은 금성의 표면을 볼 수 있을 거예요.

우주 탐사선 '마젤란호'가 레이더를 이용해 찍은 모습이에요.

금성의 표면은 화산과 식어서 굳은 용암으로 이루어져 있어요.

천체 프로필

이름 : 금성
지름 : 1만 2104킬로미터
하루의 길이 : 지구 시간으로 243일
1년의 길이 : 지구 시간으로 225일
위성의 수 : 없음

*대기 : 천체의 표면을 둘러싸고 있는 기체들.

13

지구

'지구'는 태양계에 있는 암석 행성 가운데 가장 커요.
표면의 대부분이 바다로 덮여 있는 지구는 우리의 고향이기도 하지요.
지구 표면은 여러 개의 '판'으로 이루어져 있는데, 판이 계속해서
움직이기 때문에 표면도 끊임없이 변하고 있어요.

물의 세계

지구 표면의 온도는 너무 뜨겁지도, 너무 차갑지도
않아서 액체 상태의 물이 존재할 수 있어요.
이렇게 생명체가 살아가기에 딱 알맞은 곳을
'골디락스 지역'이라고 해요.
물은 액체, 기체, 고체로 계속 바뀌면서
지구 표면의 다양한 모습들을 만들어요.

지구의 대기는 담요와 같은 역할을 해요. 대기가 있기 때문에 낮과 밤의 온도가 크게 차이 나지 않아요.

지구에 다양한 생명체가 살 수 있는 이유는 엄청난 양의 물 때문이에요. 물은 화학 물질과 영양분을 이동시켜 주기 때문에 생명체에게 아주 중요하지요.

알고 있나요? 지구 표면의 71퍼센트는 물로 덮여 있어요.

천체 프로필

이름 : 지구
지름 : 1만 2742킬로미터
하루의 길이 : 23시간 56분
1년의 길이 : 365.25일
위성의 수 : 1개

물은 기체가 되어 대기 위로 올라가 구름이 되고, 구름은 다시 비가 되어 내리면서 물이 돼요. 이것을 '물의 순환'이라고 해요.

지구의 안쪽은 어떻게 생겼을까요?

지구는 여러 층으로 이루어져 있어요. 먼저 지구의 중심인 '핵'은 내핵과 외핵으로 나누어요. 내핵은 고체 상태, 외핵은 액체 상태의 철로 이루어져 있고, 온도가 약 6000도나 되지요. 핵 위에는 암석이 녹은 마그마로 이루어진 '맨틀'이 있어요. 맨틀 위에는 지구의 표면을 이루는 얇은 층인 '지각'이 있고요. 지각은 여러 개의 판으로 이루어져 있지요. 판들은 수십억 년 동안 나뉘지고 합쳐지면서 대륙과 바다의 크기와 모양을 바꾸었어요.

지각
맨틀
외핵
내핵

판들은 매년 몇 센티미터씩 움직여요.

달

'달'은 지구의 영원한 짝이에요. 그리고 태양계에서 행성의 크기에 비해 가장 큰 위성으로, 공기가 없는 암석 덩어리이지요. 달의 표면은 수십억 년 전에 운석이나 혜성과 같은 물체들이 충돌하여 만들어진 '크레이터'로 뒤덮여 있어요.

높은 지역에는 오래된 크레이터들이 무수히 많아요.

바다와 고원

달의 표면에서 평탄하고 어두운 부분은 '바다'라고 해요. 밝은 크레이터 부분은 '고원'이라고 하지요. 바다는 약 40억 년 전에 만들어진 큰 크레이터들의 흔적이에요. 표면 아래에서 솟아 나온 마그마가 흘러들어 크레이터를 매끄럽게 만들었어요.

달의 중력은 지구의 6분의 1밖에 되지 않아요.

아폴로 계획

나사(NASA, 미국 국립 항공 우주국)는 1969년에서 1972년 사이에 열두 명의 우주 비행사를 달로 보냈어요. 그들이 달에서 가져온 암석과 자료들은 태양계를 이해하는 데 큰 도움이 되었지요. 과학자들은 약 45억 년 전에 수많은 작은 입자가 충돌하여 어떻게 행성들이 만들어졌는지 밝혀낼 수 있었어요. 또 화성 크기의 행성이 지구에 충돌하여 만들어진 것이 달이라는 것도 알아냈지요.

천체 프로필

이름 : 달
지름 : 3474킬로미터
지구에서부터의 거리 : 38만 4400킬로미터
자전 주기 : 지구 시간으로 27.32일
공전 주기 : 지구 시간으로 27.32일

*크레이터 : 천체 표면에서 볼 수 있는 그릇 모양의 큰 구덩이.
*공전 : 한 천체가 다른 천체의 둘레를 주기적으로 도는 일.

생긴 지 얼마 되지 않은 크레이터에는 암석 조각들이 넓게 퍼져 있어요.

오래전에 만들어진 큰 크레이터가 있었던 곳이에요.

'고요의 바다'라고 불리는 곳이에요. 1969년 7월, 사람이 처음으로 달에 착륙한 장소예요.

레이더로 그린 달의 지도예요. 노란색과 붉은색 부분은 높이가 높은 지역이고, 푸른색 부분은 높이가 낮은 지역이에요. 달의 남극 지역에 커다란 크레이터가 있는 것을 볼 수 있어요.

알고 있나요? '아폴로호' 우주 비행사들이 달에서 가져온 암석의 무게는 381킬로그램이나 돼요.

17

화성

'화성'은 태양에서 가장 멀리 떨어져 있는 암석 행성이에요. 태양계에서 지구와 자연환경이 가장 닮은 행성이기도 하지요. 화성은 독성이 있는 공기로 덮여 있는 추운 사막이에요. 하지만 과거에는 지금보다 환경이 훨씬 좋았고, 미래에도 다시 좋아질 수 있다는 것이 밝혀졌어요.

암석들은 과거에 화성에도 물이 있었다는 사실을 알려 줘요.

커다란 화산과 협곡

화성은 붉은색 흙으로 유명해요. 흙이 붉은 이유는 녹슨 철 성분이 많기 때문이에요. 화성에는 태양계에서 가장 큰 화산인 '올림푸스 화산'이 있어요. 하지만 지금은 활동하지 않아요. 또 화성에는 태양계에서 가장 깊은 계곡인 '매리너 협곡'도 있어요. 이 계곡은 화성의 표면이 갈라지면서 만들어졌어요.

화성 탐사선

화성은 태양계 행성들 가운데 가장 많은 탐사가 이루어진 행성이에요. 여러 나라에서 화성에 탐사선을 보냈어요. 화성 탐사선들은 화성 궤도를 돌며 화성의 지도를 그렸어요. 나사는 '스피릿 로버', '오퍼튜니티 로버'와 같은 바퀴가 달린 탐사선을 보냈지요. 그 과정에서 과거에는 화성에도 한때 물이 많이 있었다는 사실을 알아냈어요. 지금 이 물은 흙 속에 얼음이 되어 갇혀 있어요.

나사의 '큐리아서티 로버'가 화성을 탐사하고 있어요. 큐리아서티 로버는 화성 표면을 15킬로미터 넘게 이동했어요.

천체 프로필

이름 : 화성
지름 : 6789킬로미터
하루의 길이 : 지구 시간으로 24시간 37분
1년의 길이 : 지구 시간으로 1.88년
위성의 수 : 2개

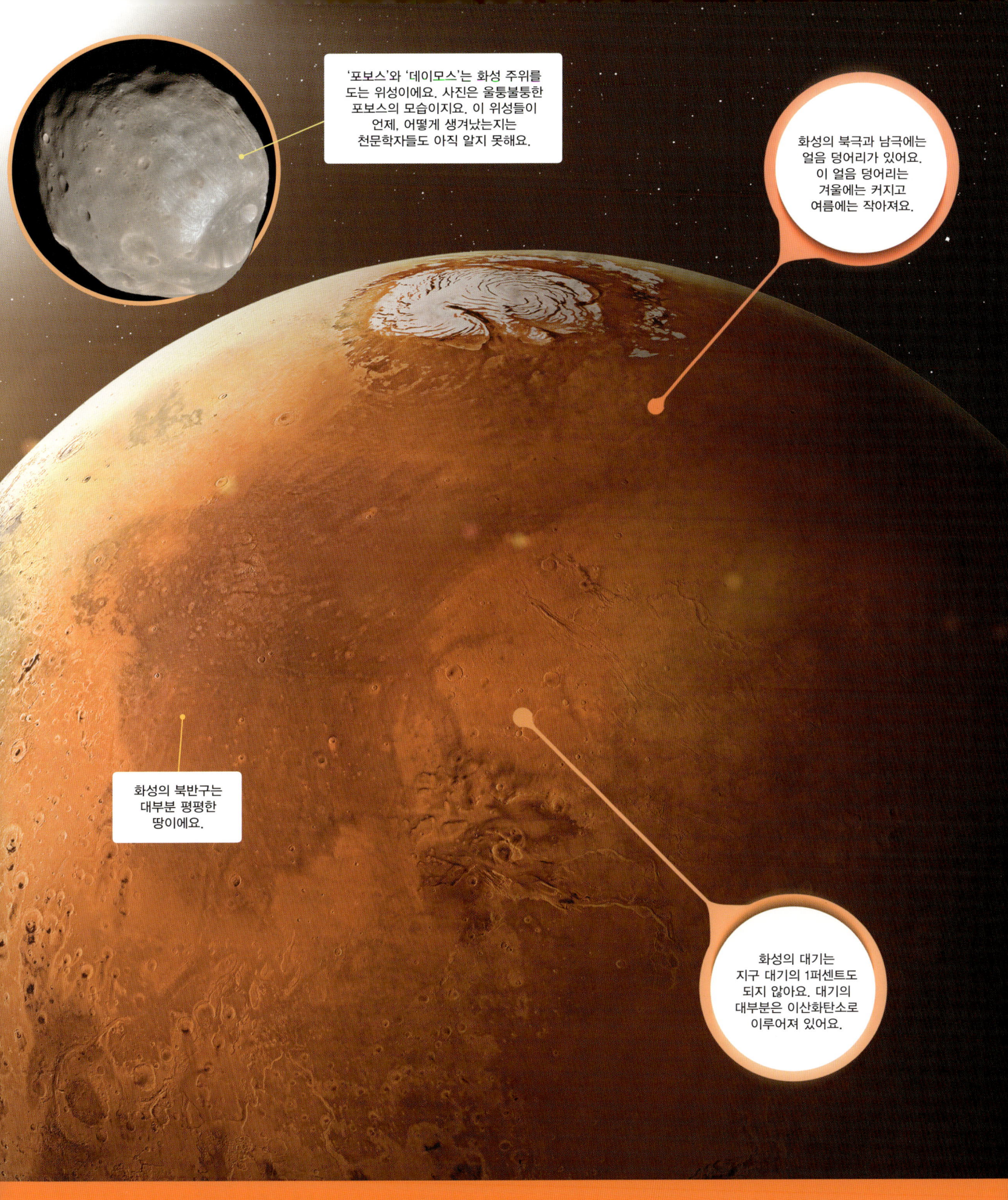

'포보스'와 '데이모스'는 화성 주위를 도는 위성이에요. 사진은 울퉁불퉁한 포보스의 모습이지요. 이 위성들이 언제, 어떻게 생겨났는지는 천문학자들도 아직 알지 못해요.

화성의 북극과 남극에는 얼음 덩어리가 있어요. 이 얼음 덩어리는 겨울에는 커지고 여름에는 작아져요.

화성의 북반구는 대부분 평평한 땅이에요.

화성의 대기는 지구 대기의 1퍼센트도 되지 않아요. 대기의 대부분은 이산화탄소로 이루어져 있어요.

알고 있나요? 포보스는 화성을 향하여 나선형으로 떨어지고 있어요. 약 5000만 년 뒤에 화성과 포보스가 충돌할 거예요.

소행성대

화성과 목성 사이에 태양계 대부분의 소행성들이 모여 있는 곳을 '소행성대'라고 해요. 천문학자들은 소행성대에 수억 개의 암석과 얼음 덩어리들이 있을 거라고 해요. 하지만 이곳을 지나가는 것은 어렵지 않아요. 왜냐하면 암석과 얼음 덩어리들이 아주 넓게 퍼져 있기 때문이에요.

소행성은 어떻게 만들어졌을까요?

소행성대에 있는 소행성은 행성이 될 수 없어요. 왜냐하면 목성의 강한 중력이 그 과정을 방해하기 때문이에요. 소행성들은 서로 충돌해 부서지면서 오히려 점점 더 작아져요.

이 그림에서는 소행성들의 사이가 실제보다 훨씬 가까워 보여요.

천문학자들은 세레스가 얼음으로 이루어져 있다고 생각해요. 왜냐하면 세레스의 표면이 매끈하기 때문이에요.

세레스

'세레스'는 소행성대에서 가장 큰 천체예요. 하지만 지름이 달의 3분의 1밖에 되지 않지요. 과학자들은 크레이터 중심의 밝은 부분을 물이 표면으로 올라온 흔적이라고 생각해요. 그래서 세레스의 매끈하고 단단한 표면 아래에 소금 성분이 있는 물이 있을 수도 있다고 생각해요.

천체 프로필

이름 : 세레스
지름 : 945킬로미터
하루의 길이 : 지구 시간으로 0.38일
1년의 길이 : 지구 시간으로 4.6년
질량 : 지구의 0.00015배

소행성에는 엄청난 양의 금속이 있어요. 미래에는 소행성에 로봇을 보내 이 금속들을 캐 올 수도 있어요.

'베스타'는 소행성대에서 세 번째로 큰 소행성이에요. 베스타의 남극에는 큰 크레이터가 있어요.

대부분의 소행성은 울퉁불퉁해요. 왜냐하면 소행성은 중력이 천체를 둥근 공 모양으로 만들 만큼 충분히 크지 않기 때문이에요.

알고 있나요? 목성의 강한 중력이 일부 소행성들을 소행성대 밖으로 밀어내요. 밀려난 소행성은 가끔 지구 근처로 오기도 해요.

21

목성

'목성'은 태양계에서 가장 큰 '기체 행성'이에요. 목성의 영어 이름은 로마 신화에 나오는 신들의 왕 주피터(Jupiter)에서 따왔어요. 목성은 태양에서 다섯 번째로 가까운 행성이에요. 목성 대기의 90퍼센트는 수소이고, 나머지는 대부분 헬륨이지요.

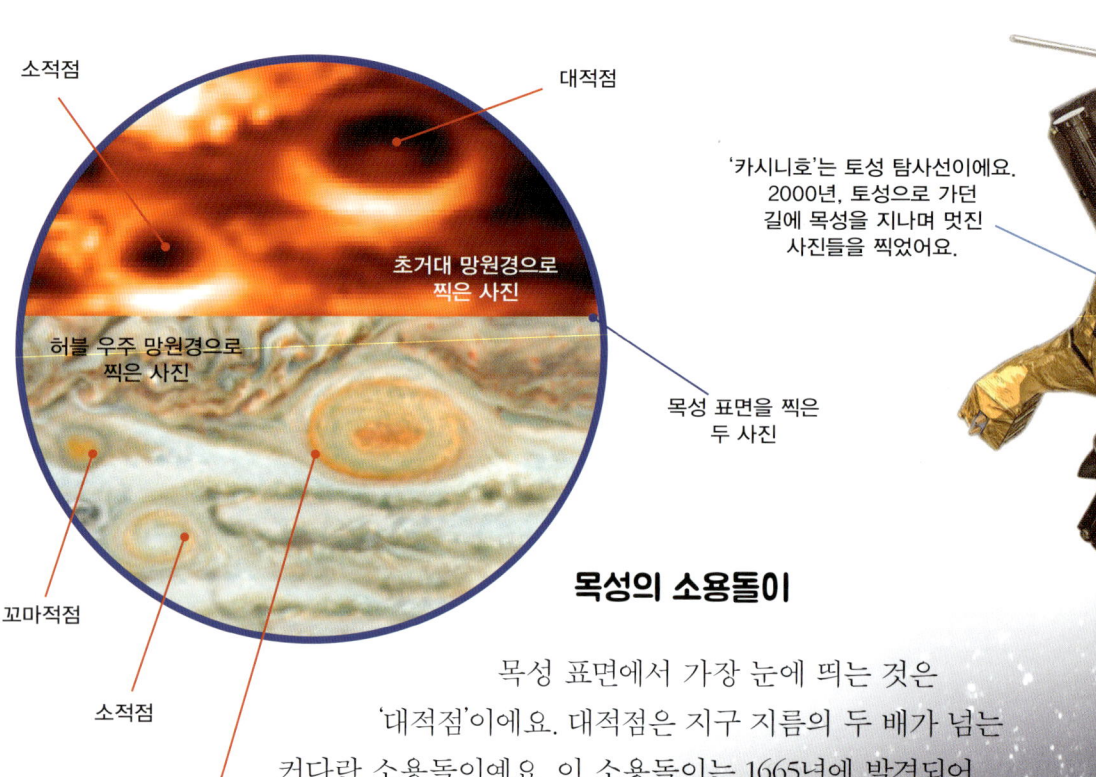

소적점 / 대적점 / 초거대 망원경으로 찍은 사진 / 허블 우주 망원경으로 찍은 사진 / 꼬마적점 / 소적점 / 대적점 / 목성 표면을 찍은 두 사진

'카시니호'는 토성 탐사선이에요. 2000년, 토성으로 가던 길에 목성을 지나며 멋진 사진들을 찍었어요.

가니메데는 태양계에 있는 위성들 가운데 가장 커요.

목성의 소용돌이

목성 표면에서 가장 눈에 띄는 것은 '대적점'이에요. 대적점은 지구 지름의 두 배가 넘는 커다란 소용돌이예요. 이 소용돌이는 1665년에 발견되어 지금까지 계속 돌고 있어요. 천문학자들은 같은 곳에서 '소적점'과 '꼬마적점' 소용돌이도 더 발견했어요.

위성과 고리

목성은 많은 위성을 가지고 있어요. 그 가운데 가장 큰 '이오, 유로파, 가니메데, 칼리스토'는 지구에서도 볼 수 있지요. 이 위성들은 이탈리아 천문학자 갈릴레오 갈릴레이가 발견했기 때문에 '갈릴레오 위성'이라고 해요. 목성에는 먼지로 이루어진 얇고 어두운 고리들도 있어요.

이름 : 목성
지름 : 14만 3000킬로미터
하루의 길이 : 지구 시간으로 9시간 56분
1년의 길이 : 지구 시간으로 11.86년
위성의 수 : 최소 67개

천체 프로필

흰색 구름 부분은 '대'라고 불러요.

붉은 갈색 부분은 '띠'라고 불러요.

알고 있나요? 목성은 태양계의 모든 행성을 합친 크기보다 2.5배나 더 커요.

토성, 천왕성, 해왕성

토성, 천왕성, 해왕성은 목성보다 태양에서 먼 커다란 행성들이에요.
하지만 3개 행성 모두 목성보다 크기가 작아요. 토성은 목성과 비슷한
'거대 기체 행성'이지만, 천왕성과 해왕성은 '거대 얼음 행성'이에요.
두 행성의 푸른 대기에는 물을 포함한 여러 화학 물질이 섞여 있어요.

토성의 고리

목성, 토성, 천왕성, 해왕성은 모두 고리를 가지고 있어요.
그 가운데 토성의 고리가 가장 멋있지요. 토성의 고리는 수없이
많은 얼음 덩어리와 얼음 알갱이로 이루어져 있어요.
이들은 가끔씩 서로 충돌하면서 적도 궤도를 돌아요.

'타이탄'은 토성의 위성들 가운데 가장 큰 위성이에요.

토성 고리의 폭은 수만 킬로미터나 되지만 두께는 아주 얇아요.

천체 프로필

이름 : 토성
지름 : 11만 6500킬로미터
하루의 길이 : 지구 시간으로 10시간 33분
1년의 길이 : 지구 시간으로 29.46년
위성의 수 : 62개

24   **알고 있나요?** 어떤 천문학자들은 태양계가 생긴 지 얼마 되지 않았을 때, 천왕성과 해왕성이
서로 궤도를 바꾸었다고 이야기해요.

옆으로 누운 천왕성

태양계 행성의 대부분은 태양 주위를 도는 궤도에서 약간씩 기울어져 있어요. 하지만 천왕성은 완전히 옆으로 누워 있지요. 그래서 마치 행성이 궤도를 따라 구르는 것처럼 보여요. 천왕성의 극점은 거의 항상 태양을 바라보거나 태양 정반대에 있어요.

천왕성에는 고리 13개와 위성 27개가 있어요.

천왕성

토성의 줄무늬는 목성과 비슷하지만, 구름 위쪽이 안개처럼 뿌옇게 보여요.

해왕성

해왕성의 태풍은 검은 점으로, 높이 있는 구름은 흰색으로 보여요.

명왕성과 그 너머

해왕성 너머에는 '얼음 난쟁이들'이라고 불리는 세계가 있어요. 얼음으로 된 천체들이 고리를 이루고 있지요. 그 가운데 가장 유명한 명왕성은 한때 태양계 행성이었지만 지금은 왜소 행성으로 분류되고 있어요. 그보다 훨씬 더 먼 곳에는 태양계의 가장 바깥쪽을 둘러싸고 있는 '오르트 구름'이 있어요.

신비한 세계

명왕성은 얼음과 암석으로 이루어진 천체예요. 크기는 수성의 절반 정도이고요. 과학자들은 명왕성이 꽁꽁 얼어 있는 얼음 덩어리일 거라고 생각했어요. 하지만 2015년, 나사에서 발사한 '뉴허라이즌스호'가 보내온 사진 덕분에 새로운 사실이 밝혀졌어요. 명왕성 표면의 얼음이 아주 오래전 화산 폭발로 생겨났을 수도 있다고 생각하게 된 거예요.

명왕성은 굉장히 추워요. 태양에 가장 가까이 있을 때에도 표면 온도가 영하 218도에서 영하 240도 정도이지요.

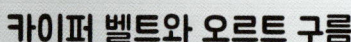
네덜란드 천문학자 얀 오르트예요. 오르트는 혜성들의 궤도 모양과 방향을 관찰했어요. 그리고 태양계를 둘러싸고 있는 얼음 혜성들의 구름을 발견했어요. 이 구름을 오르트 구름이라고 해요.

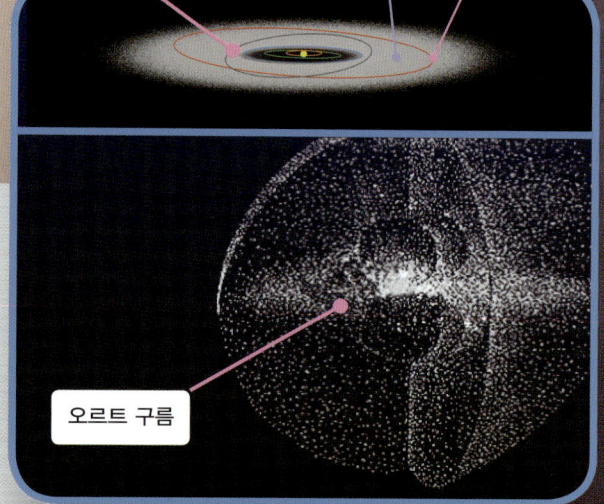

카이퍼 벨트
카이퍼 벨트 천체의 궤도
명왕성의 궤도
오르트 구름

카이퍼 벨트와 오르트 구름

천문학자 제러드 카이퍼는 해왕성 너머에 얼음 난쟁이들이 있을 거라고 처음으로 생각한 사람 가운데 한 명이에요. 그래서 이곳을 카이퍼의 이름을 따 '카이퍼 벨트'라고 불러요. 또 이곳에 있는 천체들을 '카이퍼 벨트 천체'라고 불러요. 오르트 구름은 카이퍼 벨트가 끝나는 곳부터 시작해 약 1광년이나 펼쳐져 있어요.

천체 프로필

이름 : 명왕성
지름 : 2374킬로미터
하루의 길이 : 지구 시간으로 6.39일
1년의 길이 : 지구 시간으로 248년
위성의 수 : 5개

'카론'은 명왕성의 가장 큰 위성이에요. 카론의 크기는 명왕성의 절반이 넘어요.

명왕성의 표면은 질소, 메탄, 일산화탄소가 얼어붙은 고체로 이루어져 있어요.

명왕성의 얼음 화산들은 지금도 활동하고 있는 것으로 보여요.

알고 있나요? 명왕성의 줄임말 'PL'은 명왕성의 영어 이름 '플루토(Pluto)'의 줄임말이기도 하고, 천문학자 퍼시벌 로웰(Percival Lowell)의 줄임말이기도 해요.

27

제2장 밤하늘

별을 보는 방법

놀랍고도 신기한 우주를 경험하는 것은 너무나 쉬워요. 맑은 날 밤에는 그냥 고개를 들어 하늘을 올려다보는 것만으로도 누구나 별을 볼 수 있지요. 쌍안경이나 망원경과 같은 도구가 도움을 줄 수도 있어요.

보통의 시력을 가진 사람들은 밤하늘에서 약 3000개의 별을 볼 수 있어요.

별을 보기 위한 준비

밤하늘에서 많은 별을 보려면 우리 눈이 어둠에 익숙해져야 해요. 도시의 불빛과 멀리 떨어져 있는 시골이 별을 보기에 좋아요. 시골에 갈 수 없다면, 가로등에서 멀리 떨어져서 손전등이나 휴대폰을 켜지 말고 기다리세요. 약 10분 후면 밤하늘의 별이 보다 잘 보이는 것을 느낄 수 있을 거예요.

쌍안경

더 많은 별을 보고 싶다면 쌍안경을 준비하세요. 쌍안경은 망원경보다 사용 방법이 쉬워요. 그냥 눈으로 볼 때보다는 더 많은 빛을 모을 수 있기 때문에 훨씬 많은 별을 볼 수 있지요. 그리고 보이는 모든 물체를 확대시켜 주기 때문에 달과 같은 천체도 더 자세히 관찰할 수 있어요.

쌍안경을 사용하는 것은 밤하늘을 잘 볼 수 있는 가장 좋은 방법이에요.

망원경 없이 얼마나 멀리까지 볼 수 있을까요? 지구에서 250만 광년 떨어진 '안드로메다 은하'까지 볼 수 있어요!

세계의 수많은 도시는 밤에도 불빛 때문에 밝아요. 그래서 어두운 하늘을 찾기가 점점 어려워지고 있어요.

이름 : 안드로메다 은하
목록 번호 : M31
별자리 : 안드로메다자리
지구에서부터의 거리 : 250만 광년
특징 : 이 커다란 나선 은하는 밤하늘에서 흐릿한 전구처럼 보여요. 쌍안경으로 관찰하면 타원 모양을 볼 수 있어요.

은하 프로필

알고 있나요? 별을 보다가 손전등이나 휴대폰 불빛이 필요할 때는 불빛을 붉은색 필름으로 덮어 주세요. 우리 눈은 붉은색 빛에 덜 민감해서 어두운 밤하늘에 익숙해진 눈을 보호할 수 있어요.

낮과 밤

왜 낮에는 밝고, 밤에는 어두울까요? 바로 지구가 자전을 하기 때문이에요. 그래서 태양과 마주 보는 쪽은 낮이 되고, 그 반대쪽은 밤이 되는 거예요.

낮의 하늘

왜 낮에는 별을 볼 수 없을까요? 태양빛은 지구의 대기를 지나면서 여러 방향으로 흩어져요. 그래서 가장 밝은 별도 보이지 않을 정도로 하늘이 푸른색으로 빛나게 되지요.

맑은 날 저녁에 동쪽(태양이 지는 반대쪽) 하늘을 보면 어두운 지구 그림자 띠가 떠오르는 것을 볼 수 있어요.

표준 시간

사람들은 옛날부터 태양의 움직임을 보고 시간을 정했어요. 그래서 여러분이 지구의 어디에 있느냐에 따라서 시간은 달라져요. 그런데 1800년대가 되자 여행이 늘고 통신이 발달하면서 '표준 시간'이 필요하게 되었지요. 오늘날 시간대는 나라마다 태양의 위치를 보고 정하는 것이 아니라 세계 사람들이 함께 정한 표준 시간을 사용해요.

그리니치 자오선
– 시간의 기준이 됨

날짜 변경선
– 그리니치 자오선이 정오가 될 때 이곳은 자정이 됨

망(보름달)

삭

달이 지구를 도는 궤도

달이 지구 주위를 도는 27.32일 동안 우리는 계속 다른 모양의 달을 보게 돼요. 달이 삭에서 다음 삭까지 또는 망에서 망까지 오는 데 걸리는 시간을 '삭망월'이라고 해요.

한여름 북극이나 남극에서는 태양이 '지평선' 가까이 내려갔다가 다시 떠올라요. 밤이 없는 낮만 계속되는 거예요.

알고 있나요? 태양빛 가운데 푸른색은 지구의 대기와 만나면서 여러 방향으로 흩어져요. 그래서 태양은 실제보다 더 노란색으로 보이게 되지요.

지구의 공전

지구는 자전축이 기울어진 채 태양을 중심으로 1년에 한 바퀴를 돌아요. 기울어진 자전축 때문에 시기에 따라서 지구 위쪽인 '북반구'와 지구 아래쪽인 '남반구'에 전달되는 태양빛의 양이 달라져요. 그래서 사계절이 생기게 돼요.

기울어진 지구

지구의 남극과 북극을 잇는 가상의 선을 '자전축'이라고 해요. 지구는 수직에서 23.5도 기울어진 채 북극성을 바라보고 있어요. 기울어진 방향이 태양과 마주 보면 북반구가 태양빛을 많이 전달받기 때문에 낮이 긴 여름이 돼요. 남반구는 겨울이 되고요. 6개월 후에는 반대로 북반구가 겨울이 되고 남반구가 여름이 되지요.

봄에는 지구의 자전축이 태양 쪽으로도, 태양 반대쪽으로도 기울어져 있지 않아요. 그래서 낮과 밤의 길이가 거의 같아요. 하지만 시간이 지날수록 낮이 점점 길어지지요.

이 그림은 북반구의 계절 변화를 보여 줘요.

자전축과 세차 운동

지구의 자전축이 지금은 북극성을 바라보고 있지만 변하지 않는 건 아니에요. 자전축은 2만 5800년을 주기로 천천히 움직이는데, 이를 '세차 운동'이라고 해요. 자전축의 기울기가 변하면 계절도 함께 달라져요. 과학자들은 이 주기가 지구의 기후 변화를 만든다고 생각해요. 특히 지구가 평소보다 더 추운 '빙하기'와 관련 있다고 여기지요.

여름에는 북반구가 태양 쪽으로 기울어져 있어요. 그래서 태양은 더 일찍 뜨고, 더 늦게 지죠. 북반구는 태양빛을 많이 받아서 날씨가 따뜻하지요.

가을에는 봄처럼 지구의 자전축이 태양 쪽으로도, 태양 반대쪽으로도 기울어져 있지 않아요. 그래서 낮과 밤의 길이가 거의 같아요. 하지만 시간이 지날수록 낮이 점점 짧아져요.

겨울에는 북반구가 태양 반대쪽으로 기울어져 있어요. 그래서 태양은 더 늦게 뜨고, 더 일찍 저물어요. 태양빛을 많이 받지 못해서 날씨가 춥지요.

알고 있나요? 화성, 토성, 해왕성도 지구와 비슷하게 기울어져 있어요. 그래서 지구와 비슷한 계절을 가지고 있지요.

일식과 월식

일식과 월식은 자연이 만드는 가장 멋있는 모습이에요. '일식'은 태양-달-지구 순서로 놓일 때를 말해요. 달이 지구 앞을 지나면서 태양을 가리는 것이지요. '월식'은 태양-지구-달 순서로 놓일 때를 말해요. 달이 지구 그림자 속에 숨어서 보이지 않는 거예요.

신기한 일식과 월식

월식 때 달이 완전히 보이지 않는 경우는 아주 드물어요. 왜냐하면 지구의 대기를 통과한 빛이 반사되어서 붉게 보이기 때문이에요. 일식은 정말 멋있어요. 하지만 꼭 특수 안경으로 봐야만 해요.

지구 대기에 따라서 월식으로 볼 수 있는 달의 모습이 달라져요.

마지막 순간의 태양빛은 마치 다이아몬드 반지 같아요.

일식과 월식이 만들어 낸 신화

일식이나 월식은 자주 일어나는 일이 아니에요. 그래서 옛날 사람들은 일식과 월식에 대한 여러 신화를 만들었어요. 북유럽 사람들은 늑대가 해를 먹는다고 믿었고, 고대 중국인들은 용이 배가 고파 해를 먹는다고 믿었지요. 이제는 일식과 월식이 일어나는 이유가 밝혀졌지만, 아직도 많은 사람들은 일식과 월식이 불운을 가져다준다고 믿고 있어요.

알고 있나요? 그리스 과학자 히파르코스는 기원전 200년에 일식을 이용해 지구와 달 사이의 거리를 쟀어요. 더 놀라운 점은 그 값이 오늘날 잰 거리와 10퍼센트도 차이 나지 않을 만큼 정확했다는 거예요!

유성

어두운 밤하늘을 올려다보다가 밝은 빛이 눈 깜짝할 사이에 떨어지는 별똥별을 본 적이 있나요? 이 별똥별을 '유성'이라고 해요. 유성은 작은 먼지 알갱이가 지구의 대기와 부딪쳐 타들어 가면서 만들어져요.

유성우

행성들 사이의 '우주 공간'(48쪽 참고)은 먼지로 가득 차 있기 때문에 우리는 매일 밤 유성을 볼 수 있어요. 매년 같은 때에 유성이 비처럼 쏟아지기도 하는데, 이것을 '유성우'라고 해요. 먼지와 얼음 덩어리로 이루어져 있는 혜성이 지나간 자리를 지구가 가로질러 지나갈 때 만들어져요.

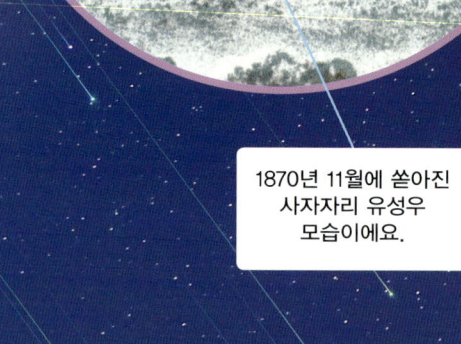

1870년 11월에 쏟아진 사자자리 유성우 모습이에요.

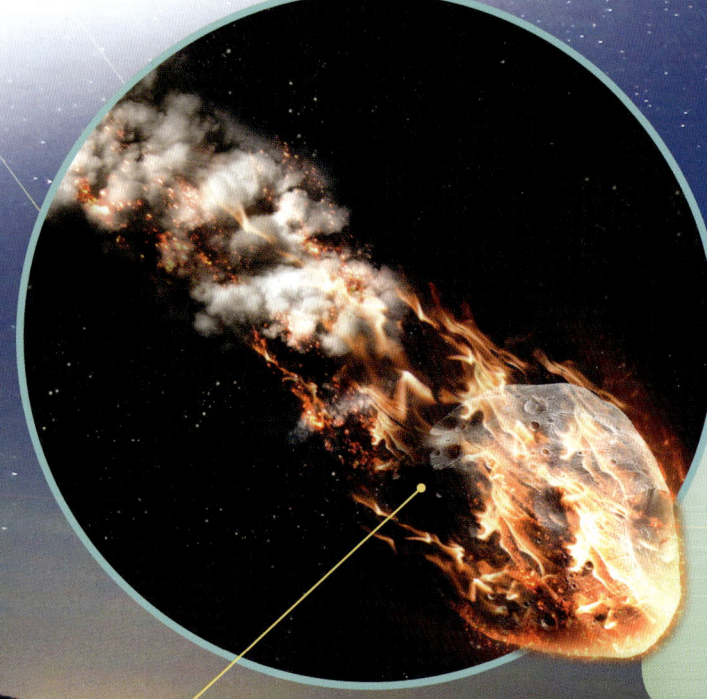

2013년, 러시아 하늘에서 폭발한 파이어볼은 태양보다 더 밝게 빛났어요.

파이어볼

별보다 훨씬 밝은 유성을 '파이어볼'이라고 해요. 너무 큰 파이어볼은 대기에서 다 타지 못하고 땅으로 떨어지기도 해요. 떨어지다가 갑자기 폭발을 하기도 하고요. 어떤 파이어볼은 엄청 천천히 움직여서 유에프오(UFO)라는 오해를 받기도 하지요.

사자자리 유성우는 약 30년마다 볼 수 있어요.

혜성이 지나간 자리에 남아 있는 두터운 먼지와 얼음 덩어리 사이를 지구가 지나가면 수천 개의 유성이 유성우로 떨어져요.

유성우가 마구 떨어지는 모습은 마치 비가 오는 것 같아요.

유성우 달력

이름	날짜	방향(별자리)
용자리 유성우	1월 초	목동자리
거문고자리 유성우	4월 중순	거문고자리
물병자리 에타 유성우	5월 초	물병자리
양자리 유성우	6월 초	양자리
물병자리 델타 유성우	7월~8월	물병자리
페르세우스자리 유성우	8월 초	페르세우스자리
오리온자리 유성우	10월 중순	오리온자리
사자자리 유성우	11월 중순	사자자리
쌍둥이자리 유성우	12월 중순	쌍둥이자리

알고 있나요? 밝은 유성은 먼지에 포함된 원소에 따라서 색이 다르게 보여요. 붉은색, 노란색, 흰색, 초록색 들로 보이지요.

운석 충돌

우주에 떠돌아다니던 암석이 지구 표면에 떨어지는 것을 '운석'이라고 해요. 운석이 떨어지면 지구는 큰 충격을 받아요. 커다란 운석은 표면에 크레이터를 만들기도 하고, 멀리 흩어진 운석 잔해는 날씨에 영향을 주기도 해요.

과학자들은 운석이 떨어져 생긴 크레이터에서 발견된 암석 조각을 관찰했어요. 그리고 우주에 있는 암석이 철을 많이 포함하고 있다는 것을 알 수 있었어요.

달에는 40억 년 전에 운석이 떨어져 생긴 크레이터들이 남아 있어요.

알고 있나요? 캐나다 온타리오주에는 혜성이 떨어져서 생긴 크레이터가 있어요. 전 세계에서 사용하는 니켈의 대부분은 이곳에서 만들어져요.

운석 사냥

과학자들은 운석에 관심이 많아요. 왜냐하면 태양계와 함께 만들어진 운석을 직접 본다는 건 우주의 물질을 보는 것과 같기 때문이에요. 하지만 떨어지는 것을 직접 보지도 않았는데 어떻게 지구의 암석과 운석을 구별할 수 있을까요? 방법은 사막이나 극지방의 얼음 위처럼 있지 않아야 할 곳에 있는 암석을 찾는 거예요.

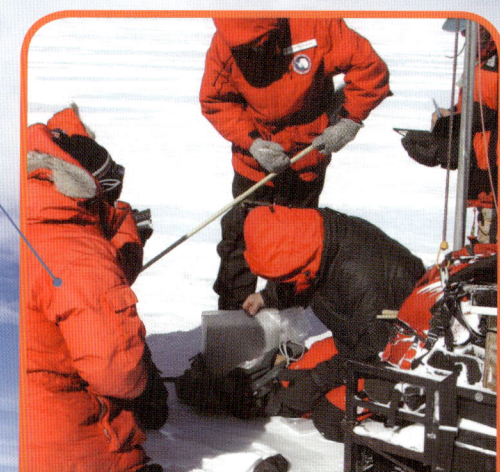

과학자들이 남극의 얼음 위에 있는 운석을 수집하고 있어요.

1908년, 시베리아 하늘 위에서 폭발한 파이어볼 때문에 많은 피해를 입었어요.

우주로부터의 위협

아주 큰 운석이 떨어지면 멀리 있는 곳까지 영향을 줘요. 불붙은 운석 잔해가 멀리 날아가기도 하고, 엄청나게 많은 먼지가 날아가며 태양빛을 가리기도 하지요. 6500만 년 전, 멕시코에 떨어진 커다란 운석은 공룡을 멸종시키기도 했어요.

미국 애리조나주에 있는 운석 크레이터의 너비는 약 1200미터예요. 이 크레이터는 약 5만 년 전에 50미터 크기의 운석이 떨어져서 생겼어요.

하늘의 빛

지구의 대기는 아름다운 빛의 효과를 수없이 많이 만들어요. 태양과 달 주위에 무지개처럼 보이는 '햇무리'와 '달무리'를 만들기도 하고, 구름이 빛나기도 해요. 그 가운데 가장 아름다운 빛은 북극과 남극에서 볼 수 있는 빛인 '오로라'예요.

우주에서 온 입자

오로라는 태양풍과 함께 딸려 온 입자들이 지구 자기장의 영향으로 북극과 남극 위쪽 대기에 끌려 들어가 공기 입자와 부딪치면서 생기는 현상이에요. 입자들이 150킬로미터 높이의 대기에 부딪치면 에너지를 빼앗기면서 초록색, 붉은색, 푸른색 빛을 띠어요.

초록색 빛은 지구 표면으로부터 100킬로미터 위에 만들어져요. 이 모습이 가장 흔하게 볼 수 있는 오로라예요.

태양 주위의 햇무리는 태양빛이 대기의 얼음 결정을 만나 굴절*되면서 생겨요. 물방울이 무지개를 만드는 방법과 같아요.

황도광

하늘에서 볼 수 있는 가장 아름다운 빛의 효과는 '황도광'이에요. 황도광은 태양계의 먼지가 태양빛을 반사할 때 생겨요. 아름다운 만큼 보기 어렵지요. 매우 희미하기 때문에 가장 어둡고 맑은 하늘에서만 볼 수 있어요.

*굴절 : 빛이나 소리가 공기와 물 같은 파동을 전달하는 물질(매질)에서 다른 물질로 나아갈 때 빛이 꺾이는 것.

오로라는 우주에서 지구로 들어온 입자들이 지구 자기장을 만나 이동하는 움직임에 따라 나타나요.

오로라는 주로 극지방에서 볼 수 있어요. 하지만 가끔은 적도 가까운 곳에서 보이기도 해요.

대기의 얼음 결정이 달 주위에 달무리를 만들어요.

빛나는 얼음

추운 날씨에는 대기의 얼음이 빛을 여러 방향으로 굴절시켜요. 그래서 태양이나 달 주위에 햇무리나 달무리를 만들기도 하고, 태양의 양쪽 또는 한쪽에 빛나는 점인 '무리해(환일)'를 만들기도 해요. 또 하늘 높이 있는 얼음 구름이 태양이 지고 난 한참 뒤에도 빛을 받아 빛나는 현상이 드물게 나타나기도 하지요. 이것을 '야광운'이라고 해요.

알고 있나요? 드물긴 하지만 오로라 폭풍이 지구 자기장을 방해해 궤도에 있는 인공위성에 충격을 주기도 하고, 심지어는 땅 위에서 정전을 일으키기도 해요.

혜성

얼음과 먼지로 이루어진 구름을 '혜성'이라고 해요. 혜성은 태양계의 바깥쪽 끝에서 태양 궤도를 돌고 있어요. 혜성은 평소에는 잘 보이지 않아요. 하지만 태양 가까이에서 태양빛을 받아 뜨거워지면 얼어 있던 핵이 녹으면서 멋진 혜성을 볼 수 있어요.

혜성의 모습

혜성은 핵, 코마, 꼬리로 되어 있어요. 핵이 뜨거워지면 얼음이 녹기 시작하고, 기체는 날아가면서 핵 주위에 '코마'라는 빛나는 대기를 만들어요. 혜성이 태양에 가까워지면 태양의 복사에너지*와 태양풍이 코마를 밀어서 태양의 반대 방향으로 뻗은 빛나는 꼬리가 만들어져요.

밝은 혜성은 푸른색의 '이온 꼬리'와 흰색의 '먼지 꼬리'가 모두 보여요. 혜성의 머리인 코마는 목성보다 더 커지기도 해요.

고대에는 혜성을 불운의 상징이라고 믿었어요. 이 그림은 아스테카 왕국의 왕 몬테수마 2세가 혜성을 바라보고 있는 모습이에요. 그는 이 혜성이 곧 멸망할 아스테카 왕국의 운명을 보여 주는 것이라고 믿었어요.

대부분의 혜성은 수천 년에 한 번씩만 태양계 안쪽으로 들어가는 긴 궤도를 돌아요.

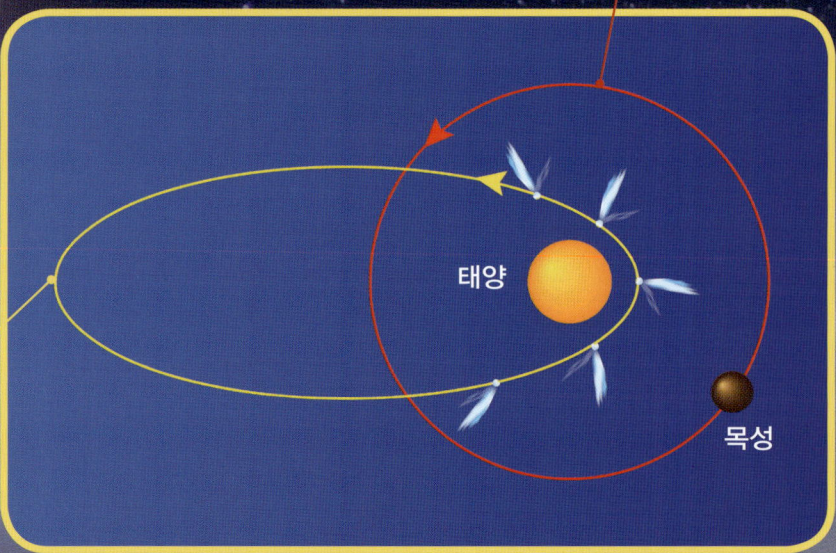

혜성이 목성과 가까워지면 목성 궤도의 영향을 받아요. 그래서 훨씬 더 짧은 궤도로 빠르게 태양 주위를 돌기도 해요.

알고 있나요? 76년마다 태양계 안쪽 궤도를 도는 '핼리 혜성'을 처음 본 것은 기원전 240년 전이에요.

최근에 관측한 혜성 가운데 가장 밝은 혜성은 1997년의 '헤일-봅 혜성'이에요.

임팩터와 충돌한 뒤의 템펠1 혜성 모습이에요.

혜성 탐사

혜성에는 초기 태양계의 물질이 그대로 얼어붙어 있어요. 그래서 우리는 우주 탐사선을 쏘아 올려 혜성을 탐사하지요. 2004년에 발사된 '로제타호'는 2014년 8월부터 '67P 혜성' 주위를 돌기 시작했어요. 그리고 그해 11월에는 혜성의 표면에 착륙했어요. '디프임팩트호'는 2005년 1월에 발사되었어요. 그리고 그해 7월에는 '템펠1 혜성' 표면에 무인 우주 비행체 '임팩터'를 쏘아 충돌시킨 뒤, 혜성에서 분리된 물질의 화학 성분을 조사했어요.

*복사에너지 : 적외선이나 광선 같은 복사선이 운반하는 에너지.

북반구의 밤하늘

천문학자들은 지구의 하늘을 '적도'*를 기준으로 두 개의 반구로 나누어요. 적도의 북쪽에 사는 사람들은 북반구 하늘에 있는 모든 별을 볼 수 있어요. 또 사는 곳에 따라 남반구 하늘의 별도 볼 수 있지요.

> 지구의 자전 때문에 북반구 밤하늘은 밤새도록 북극성 주위를 천천히 돌아요.

북극에서는 북반구 하늘에 있는 모든 별을 볼 수 있어요.

북반구 하늘의 별들

북반구 하늘은 지구의 북극에서 똑바로 위로 연결한 별인 '북극성'을 둘러싸고 있어요. 가장 유명한 별자리는 큰곰자리, 사자자리, 황소자리예요. '은하수'(98쪽 참고)는 백조자리에서 가장 잘 보이고, 처녀자리에는 은하가 수백에서 수천 개 모여 있는 '은하단'(94쪽 참고)이 있어요.

이 고대의 별자리 지도에는 프톨레마이오스의 별자리가 많이 표시되어 있어요.

고대의 별자리

천문학자들은 하늘을 88개의 별자리로 나누어요. 그 가운데 48개의 별자리는 약 2000년 전, 그리스의 천문학자 프톨레마이오스가 정했어요. 프톨레마이오스의 별자리에는 고대의 황도 별자리뿐만 아니라 케페우스 왕, 카시오페이아 왕비, 안드로메다 공주, 영웅 페르세우스, 날개 달린 말 페가수스와 같은 그리스 신화의 인물과 동물도 포함되어 있어요.

*적도 : 지구의 남극과 북극으로부터 같은 거리에 있는 지구 표면의 점을 이은 선.

남반구의 밤하늘

적도의 남쪽에 사는 사람들은 남반구 하늘에 있는 모든 별을 볼 수 있어요. 또 사는 곳에 따라 북반구 하늘의 별도 볼 수 있지요. 남반구에서 보는 북반구 별자리는 북반구에서 볼 때와는 다르게 뒤집혀 보여서 처음에는 헷갈릴 수 있어요.

남반구 하늘에서는 큰개자리의 '시리우스'와 용골자리의 '카노푸스' 같은 지구에서 가장 밝은 별들을 볼 수 있어요.

유명한 별자리인 오리온자리는 남쪽 하늘과 북쪽 하늘의 경계에 있어요.

이 별자리 지도는 라카유가 별자리를 만들기 전에 그린 지도라서 '남쪽의 새들' 별자리는 포함하고 있지만 나머지 별자리는 없어요.

남반구 하늘의 별들

남반구에는 궁수자리, 켄타우루스자리, 용골자리, 남십자자리 주위로 은하수가 가장 빽빽하게 모여 있는 곳이 있어요. 다른 유명한 남반구 별자리로는 전갈자리와 고래자리가 있지요.

이후의 발견들

몇몇 남반구 별자리는 프톨레마이오스 별자리 목록에 나오지만 대부분은 새롭게 만들어졌어요. 새의 이름을 딴 별자리들 이름은 1500년대 후반에 이 별들을 처음 본 네덜란드 선원들이 붙였어요. 그리고 나머지 별자리 이름은 1700년대 중반에 프랑스 천문학자 니콜라 루이 드 라카유가 붙였어요.

알고 있나요? 남반구 하늘에서 극점을 찾는 가장 쉬운 방법은 남십자자리의 '긴 팔'을 따라가는 거예요.

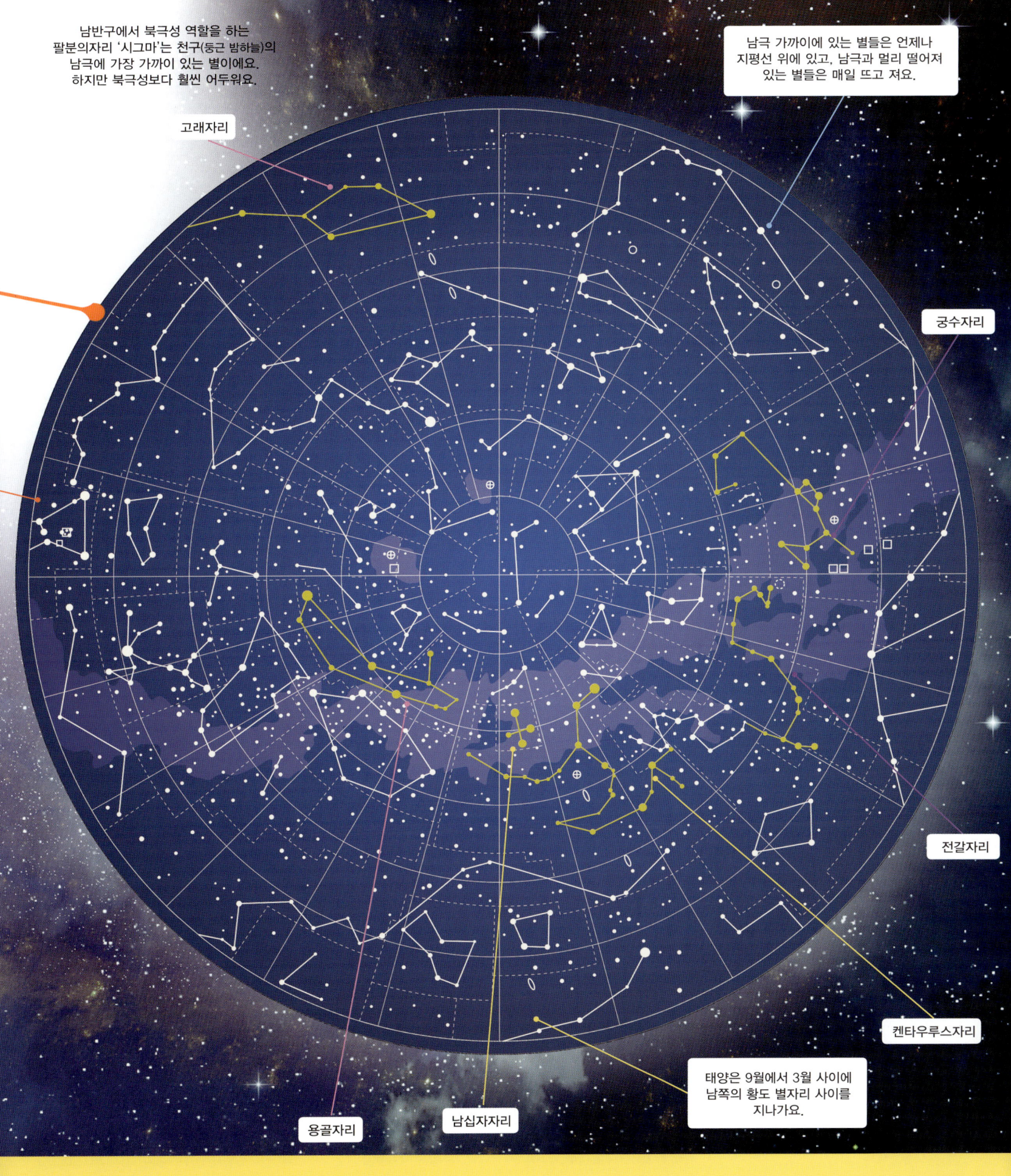

제3장 우주 관찰하기

우주 공간

'우주 공간'은 생각보다 멀리 있지 않아요. 땅에서부터 100킬로미터 위로 올라가면 우주 공간이에요. 과학자들과 우주 비행사들은 이곳을 '우주의 경계'라고 말하지요. 우주 공간에는 공기가 없기 때문에 이곳에서 사람이 살아남으려면 우주선과 우주복이 꼭 필요해요.

우주선은 사령선, 귀환선, 기계선 들로 이루어져 있어요. 기계선은 승무원 캡슐 뒤에 있는데, 이곳에 달린 태양 전지판은 우주에서 필요한 전기를 만들어요.

지구 대기의 바깥쪽에서 태양이 빛나지 않는 곳은 춥고 어둡지만, 태양이 빛나는 곳은 아주 뜨겁고 밝아요.

궤도에서의 무중력 상태

대부분의 우주선과 우주 비행사들은 '지구 저궤도'에서 일해요. 우주선은 이곳에서 궤도를 따라 아주 빠른 속도로 지구 주위를 돌고 있어요. 지구의 중력이 우주선을 끌어당기는 힘을 이겨 낼 수 있는 속도지요. 우주선 안의 우주 비행사들은 중력의 힘을 받지 않는 '무중력 상태'에 놓여 있어 자유롭게 떠다닐 수 있어요.

우주선은 공기가 없는 우주 공간의 진공 상태에서 작동해요.

우주 비행사 크리스 해드필드가 지구 저궤도에 있는 국제 우주 정거장에서 쉬고 있어요.

이름 : 오리온
높이 : 3.3미터
무게 : 2만 5800킬로그램
우주선 발사 장비 : 나사 우주 발사 시스템

발사할 해 : 2023년 예정
지름 : 5미터
탑승 인원 : 4명

우주선 프로필

2014년, '오리온호'는 처음으로 지구 궤도를 돈 뒤에 돌아오는 무인 발사 시험을 했어요.

승무원 캡슐은 위험한 우주에서 최대 네 명의 우주 비행사를 보호할 수 있어요.

오리온호는 우주 비행사들을 달과 화성으로 보내기 위해 만들어졌어요.

우주에서 길을 잃다

1968년 12월에 '아폴로 8호'가 발사되었어요. 지구 궤도를 벗어나 달 궤도에 다녀온 최초의 우주선이에요. 아폴로 8호의 우주 비행사들은 처음으로 우주에 떠 있는 지구의 모습을 봤어요. 그들이 찍은 지구 사진은 지구가 우주에서 얼마나 작고 약한 행성인지 보여 주었어요. 사람들은 지구에 더 많은 관심을 가지기 시작했지요.

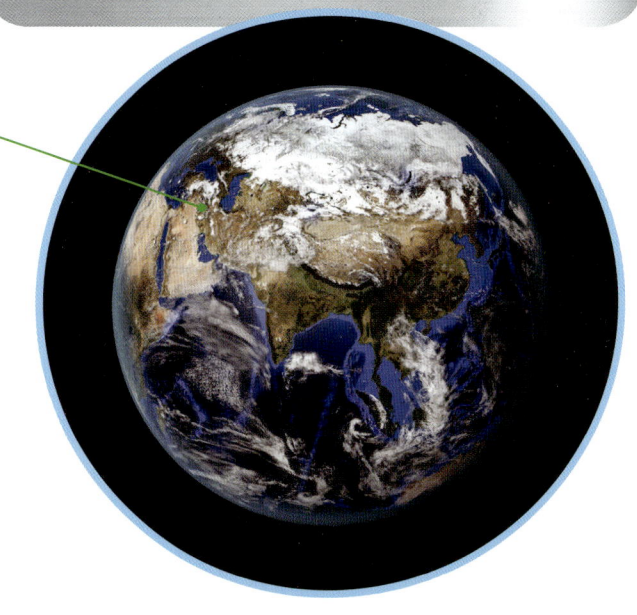

우주에서 찍은 지구 사진은 지구의 기후 변화를 연구하는 데 이용해요.

알고 있나요? 오리온호는 처음으로 사람을 화성에 데려가는 일을 맡을 수도 있어요.

천문학의 탄생

사람들은 아주 오래전부터 밤하늘을 올려다보며 궁금증을 가졌어요. 하늘에서 빛나는 별과 행성들이 지구에서 일어나는 일을 결정한다고 믿었지요. 그래서 별과 행성이 무엇인지 설명하기 위해 노력하고, 움직임을 예측하기도 했어요. 이런 과정에서 '천문학'이 탄생했어요.

그리스의 천문학자들

수천 년 전, 그리스 사람들은 처음으로 완전한 우주 모형을 만들었어요. 지구가 우주의 중심에 있고, 다른 모든 행성들은 지구 주위를 돈다고 생각했지요. 왜냐하면 그리스 사람들은 우주에서 지구가 가장 크고 중요하다고 믿었기 때문이에요. 이것을 '천동설' 또는 '지구 중심설'이라고 해요.

중앙아메리카와 남아메리카의 원주민들은 아주 거다란 돌로 신전을 지었어요. 신전의 방향은 밤하늘의 별과 행성들의 방향에 맞추었어요.

그리스 천문학자 히파르코스는 지구 자전축의 세차 운동(32쪽 참고)을 처음 발견했어요.

알고 있나요? 그리스 천문학자 아리스타르코스는 기원전 250년쯤에 이미 지구가 태양의 주위를 돈다고 주장했어요.

천문학자들은 망원경이 발명되기 전에는 '혼천의'와 같은 기구를 사용했어요.

혼천의는 천체가 궤도에서 움직이는 모습과 위치를 측정하는 데 사용되었어요.

지동설

천문학자들은 천동설이 태양과 다른 행성의 움직임을 설명하는 데 잘 맞지 않는다는 사실을 발견했지만 2000년 동안 천동설을 믿었어요. 1514년, 폴란드의 천문학자 니콜라우스 코페르니쿠스가 '지동설'을 주장했어요. 지동설 또는 '태양 중심설'은 태양이 태양계의 중심에 있고, 지구와 다른 행성들은 모두 태양 주위를 돌고 있다는 이론이에요.

코페르니쿠스의 지동설은 1600년대 초까지도 증명되지 못했어요.

황도 12궁

고대 천문학자들은 하늘의 별들을 '별자리' 그림으로 나타냈어요. 천문학자들은 태양과 행성들이 12개의 별자리 사이에서만 움직인다는 사실을 알아냈어요. 이 특별한 12개의 별자리를 '황도 12궁'이라고 해요.

황도 별자리의 대부분은 동물 모양과 이름을 가지고 있어요.

망원경

망원경은 천문학자들이 천체를 관찰할 때 쓰는 중요한 도구예요. 망원경은 우리 눈보다 훨씬 많은 빛을 모아 주기 때문에 어두운 천체를 보는 데 도움을 줘요. 그리고 물체를 원래 크기보다 확대시켜 보여 주기 때문에 망원경이 있으면 천체를 자세히 살펴볼 수 있어요.

여키스 천문대에 있는 굴절 망원경은 세계에서 가장 큰 렌즈로 만든 망원경이에요.

망원경의 종류

망원경은 크게 두 가지가 있어요. '굴절 망원경'은 긴 경통의 양쪽 끝에 2개 이상의 렌즈가 달려 있는 망원경이에요. 빛이 렌즈를 통과해 굴절되면서 물체가 훨씬 크게 보이지요. 거울이 달려 있는 '반사 망원경'은 거울이 빛을 반사해 렌즈에 모아요. 망원경에 달려 있는 첫 번째 렌즈나 거울이 빛을 굴절시키거나 반사시켜 눈을 대는 곳과 가까운 쪽에 있는 접안렌즈로 보내지요.

망원경의 탄생

최초의 망원경은 1608년, 네덜란드에서 안경을 만들던 리페르세이가 발명했어요. 몇 달 뒤에는 이탈리아 천문학자 갈릴레오 갈릴레이가 직접 망원경을 만들었지요. 갈릴레이는 망원경을 이용해 목성의 위성, 달의 크레이터, 은하수의 별과 같은 중요한 것들을 발견했어요.

갈릴레이는 망원경을 이용해 행성을 관찰하고 연구했어요. 이 과정에서 코페르니쿠스가 발표한 지동설을 믿게 되었고, 지동설이 맞다는 사실을 증명했어요.

알고 있나요? 갈릴레이가 만든 첫 번째 망원경은 물체를 원래 크기보다 세 배만 확대시킬 수 있었어요.

대형 망원경

우주를 연구하는 대형 망원경은 모두 반사 망원경이에요. 천문학자들은 망원경을 직접 들여다보지 않아요. 그 대신 망원경의 커다란 거울에 모은 엄청난 양의 빛을 접안렌즈 대신 '전자 검출기'로 보내지요. 그래서 빛이 주는 정보를 아주 자세하게 분석할 수 있어요.

여러 개의 거울

오늘날 많은 망원경들은 여러 개의 육각형 거울 조각을 벌집처럼 모아서 사용해요. 거울을 한 개만 사용하면 무거워서 모양이 휘어지기 때문이에요. 거울 조각의 위치와 모양은 망원경의 방향에 따라 컴퓨터로 조정할 수 있어요.

'캐나다-프랑스-하와이 망원경'에는 지름 3.6미터짜리 거울 한 개가 달려 있어요. 이 망원경에 달린 카메라는 가장 넓은 하늘 사진을 찍을 수 있어요.

오늘날 대형 망원경들은 높은 산 위에 세워요. 지구의 날씨와 대기의 영향을 덜 받기 위해서예요.

하와이 마우나케아산 꼭대기에 있는 '켁 망원경' 뒤쪽에는 많은 거울이 달려 있어요.

망원경 프로필

이름 : 제미니 망원경
망원경을 세운 해 : 1999년과 2000년
거울 지름 : 8.2미터
거울 무게 : 20톤
위치 : 하와이 마우나케아, 칠레 세로 파촌

제미니 망원경은 쌍둥이에요. 하와이에는 북쪽 제미니 망원경이, 칠레에는 남쪽 제미니 망원경이 있어요.

돔에 있는 환기구는 더운 낮에도 망원경을 시원하게 해 줘요.

유럽 초대형 망원경에는 798개의 육각형 거울 조각이 달려 있어요.

앞으로 만들어질 망원경

지금 있는 대형 망원경들도 앞으로 만들어질 망원경 앞에서는 난쟁이처럼 느껴질 거예요. '유럽 초대형 망원경'은 2024년에 완성돼요. 이 망원경에는 지름 39.3미터짜리 거울이 달릴 거예요.

알고 있나요? 하와이 마우나케아에는 대형 망원경 13개가 있어요.

전자기파 스펙트럼

과학자들은 우리가 눈으로 보는 빛을 '전자기파'의 한 종류로 분류해요. 전자기파는 공간에서 전기장과 자기장이 주기적으로 변화하면서 전달되는 '파동'(진동이 주위로 퍼져 가는 현상)을 말하지요. 물체마다 각자 다른 종류의 전자기파를 내보내요.

파장과 진동수

모든 전자기파는 빛의 속도로 움직여요. 전자기파 에너지의 크기는 '파장'(하나씩의 파동 길이)과 '진동수'(매초마다 정해진 지점을 지나가는 파동의 수)에 따라 달라져요. 파장이 짧고 진동수가 높을수록 파동이 운반하는 에너지는 커져요.

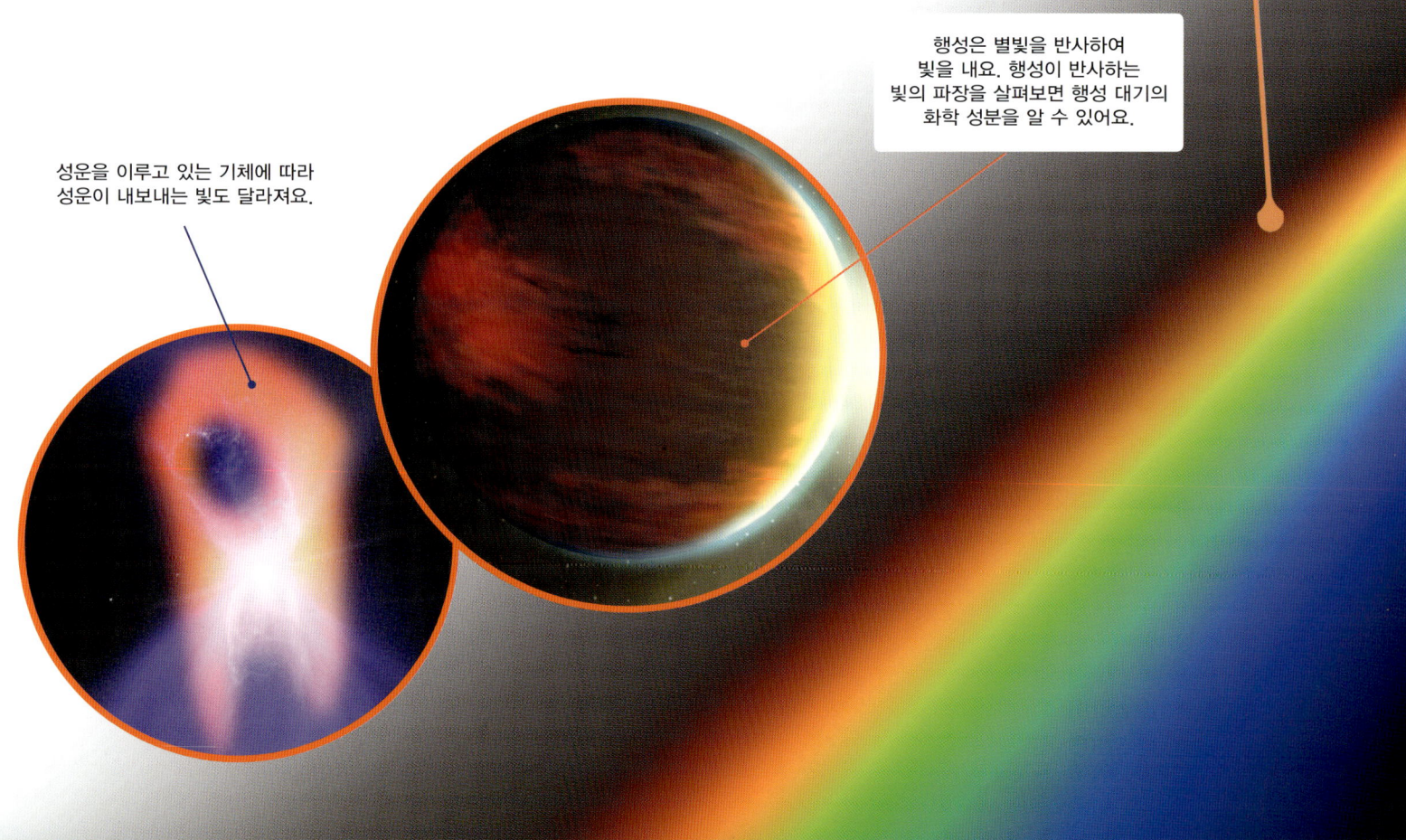

붉은빛의 파장은 푸른빛의 파장보다 두 배 정도 길어요.

행성은 별빛을 반사하여 빛을 내요. 행성이 반사하는 빛의 파장을 살펴보면 행성 대기의 화학 성분을 알 수 있어요.

성운을 이루고 있는 기체에 따라 성운이 내보내는 빛도 달라져요.

알고 있나요? 프리즘에서처럼 물방울에서도 태양빛은 굴절과 반사를 거치면서 무지개를 만들어요.

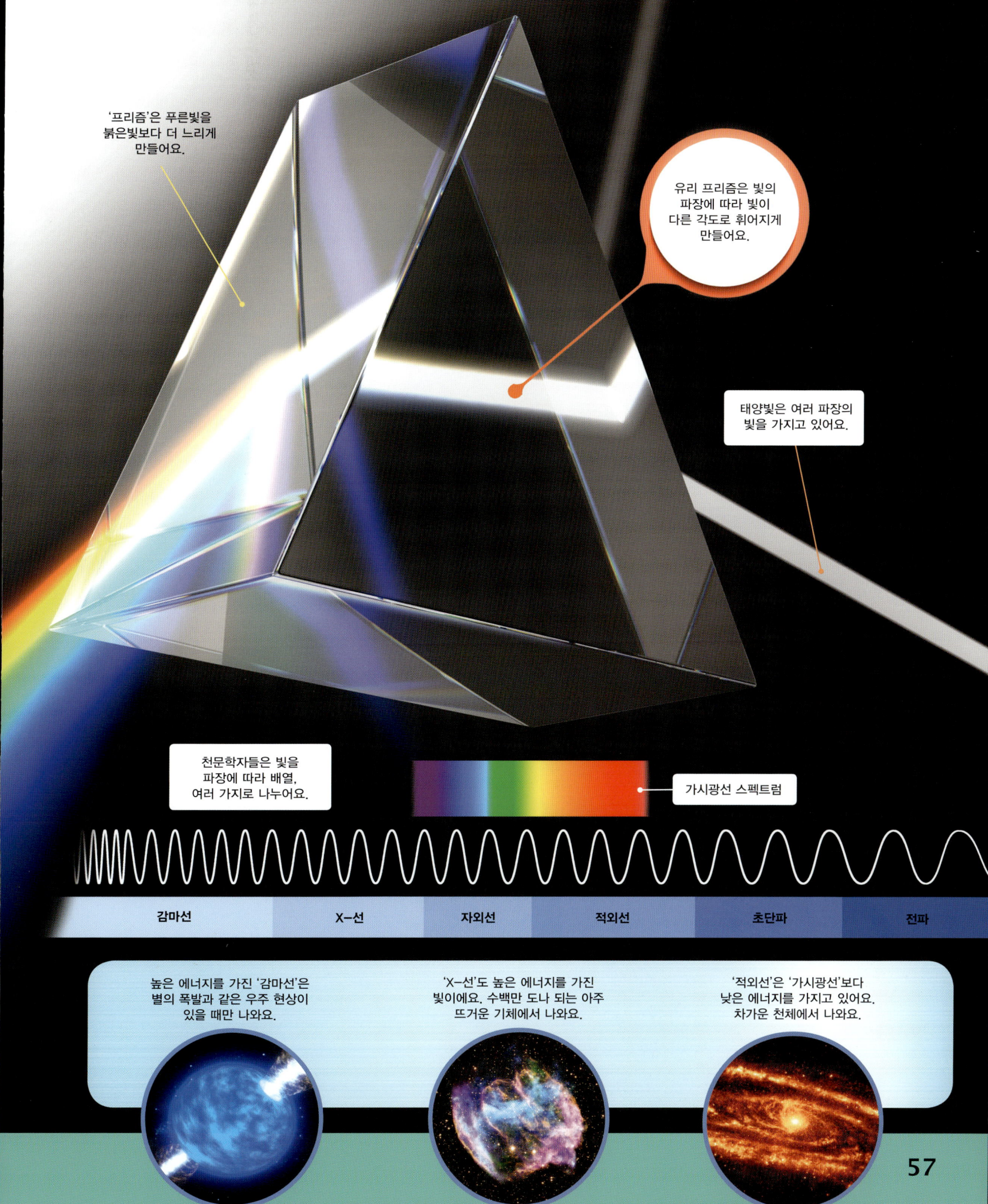

적외선 망원경

적외선은 열을 빛으로 전달하는 '열복사'의 하나로, 아주 차가운 천체들도 적외선을 많이 내보내요. 지구에 있는 거의 모든 것은 적외선으로 빛나고 있어요. 다른 행성들과 별이 만들어지는 기체와 먼지 구름도 마찬가지예요.

적외선 관측

'적외선 망원경'은 높고 추운 산에 세우거나 우주로 보내요. 천문학자들이 먼 우주에서 지구로 오는 약한 적외선을 관측하려면, 지구와 망원경에서 나오는 모든 적외선을 막아야 하기 때문이에요.

윌리엄 허셜은 1781년에 천왕성을 발견한 것으로도 유명해요.

우연한 발견

1800년에 천문학자 윌리엄 허셜은 푸른색, 노란색, 붉은색 빛의 온도를 재는 실험을 했어요. 그러다가 우연히 적외선을 발견했어요. 처음으로 눈에 보이지 않는 빛을 찾아낸 거예요. 허셜은 프리즘을 이용해 빛을 무지개와 같은 스펙트럼으로 나누었어요. 그리고 스펙트럼의 끝에 있는 붉은색 바로 바깥쪽, 아무 빛도 보이지 않는 곳의 온도가 가장 높다는 사실을 알아냈지요.

새로 태어난 별에서 나온 '항성풍'은 주변의 기체를 날려요.

알고 있나요? 스피처 우주 망원경은 맡은 일을 하는 동안 가장 차가운 물질인 액체 헬륨으로 차갑게 해야 해요. 망원경에서 나오는 적외선을 막기 위해서예요.

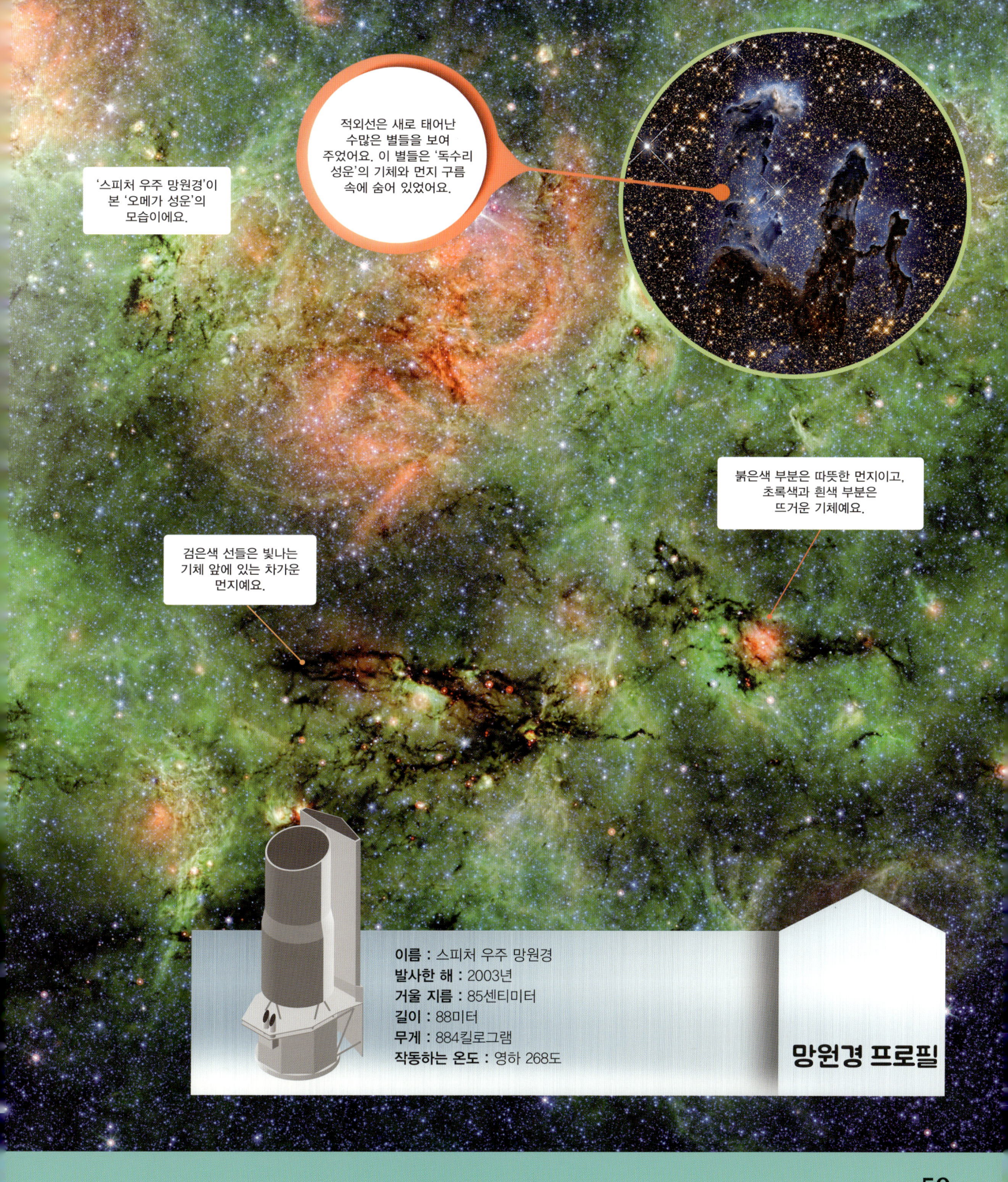

전파 천문학

'전파'는 우주의 가장 차가운 천체에서 나오는 전자기파에요.
파장이 가장 길고, 에너지는 가장 낮지요.
천문학자들은 전파를 이용해 우리 은하와 다른 은하들의
수소 구름을 찾아요.

전파 망원경의 접시

전파의 파장은 어디에서 오는지 찾기가 쉽지 않아요.
왜냐하면 가시광선의 파장보다 수백만 배 더 길어서
넓게 퍼지기 때문이에요. 그래서 전파를 잘 찾기 위해
천문학자들은 커다란 '전파 망원경'을 만들었어요.
전파 망원경은 큰 금속 접시에 전파를 모아서 정확한
전자 기기로 전파의 방향과 속도를 재요.

가장 큰 접시를 가진 전파 망원경

푸에르토리코 아레시보 천문대에는 가장 큰
접시를 가진 전파 망원경이 있어요. 접시의 지름이
300미터나 돼요. 이 접시는 높은 곳에 있는 줄에
매달려 있어요. 하지만 2016년, 중국이 '아레시보
전파 망원경'보다 더 큰 'FAST'를 만들었어요.
FAST의 접시 지름은 무려 500미터나 돼요.

미국 뉴멕시코주의 '극대배열 전파 망원경'은 27개의 접시로 하늘을 관찰하여 전파의 모습을 그려요.

푸에르토리코에 있는 아레시보 전파 망원경

망원경 프로필

이름 : 극대배열 전파 망원경
망원경을 세운 해 : 1973년~1980년
위치 : 미국 뉴멕시코주 소코로
접시의 수 : 27개
접시 지름 : 각 25미터
무게 : 각 20만 9000킬로그램
트랙 길이 : 3×21킬로미터

1974년, 과학자들은 아레시보 전파 망원경을 이용하여 멀리 떨어져 있는 '성단'에 전파를 보냈어요. 갖가지 색깔 그림은 외계 생명체에게 보내는 신호예요.

사람의 DNA를 이루고 있는 원소들이에요.

각 망원경에서 오는 신호들은 '간섭계'에 의해 하나로 묶여요.

우리 몸의 세포에서 찾아낸 DNA예요. DNA는 사람의 몸속 세포가 어떻게 자라는지 알려 줘요.

사람

태양계

아레시보 전파 망원경

접시들은 Y 모양의 트랙을 따라 움직여요.

알고 있나요? 아레시보 신호는 약 2만 5000광년 떨어진 성단으로 가고 있기 때문에 외계 생명체에게 답장을 받으려면 5만 년이 걸려요!

특수한 빛

전자기파는 가시광선보다 더 큰 에너지를 가지고 있지만, 지구의 대기에 막혀서 대부분 들어오지 못해요. 지구 생명체에게는 참 다행이지요. 왜냐하면 사람과 동물들에게 안 좋을 수 있기 때문이에요. 하지만 전자기파를 관찰하고 연구해야 하는 천문학자들에게는 문제가 될 수 있어요.

빛의 종류

높은 에너지를 가진 빛은 세 가지가 있어요. 가시광선보다 조금 더 높은 에너지를 갖는 자외선은 태양과 수많은 천체에서 나와요. 자외선보다 더 높은 에너지를 가진 빛은 X-선과 감마선이에요. 이 빛들은 우주에서 가장 뜨거운 천체에서 나오거나 별 폭발과 같은 현상이 일어날 때 나와요.

'선라이즈 망원경'의 거울 지름은 1미터예요. 태양의 자외선을 연구하기 위해 만들었어요.

초신성 폭발은 가는 감마선 광선(빛줄기)을 내보내기도 해요.

감마선 폭발

우주에서 가장 강력한 폭발은 '감마선 폭발'이에요. 천문학자들은 감마선이 어디에서 오는지 연구하고 있어요. 무거운 별이 죽을 때 일어나는 엄청나게 큰 '초신성 폭발'은 그 주요한 원인으로 꼽히지요. '중성자별'이나 '블랙홀'(118쪽 참고)들이 충돌할 때 일어나는 짧은 폭발 역시 그 원인 가운데 하나로 생각돼요.

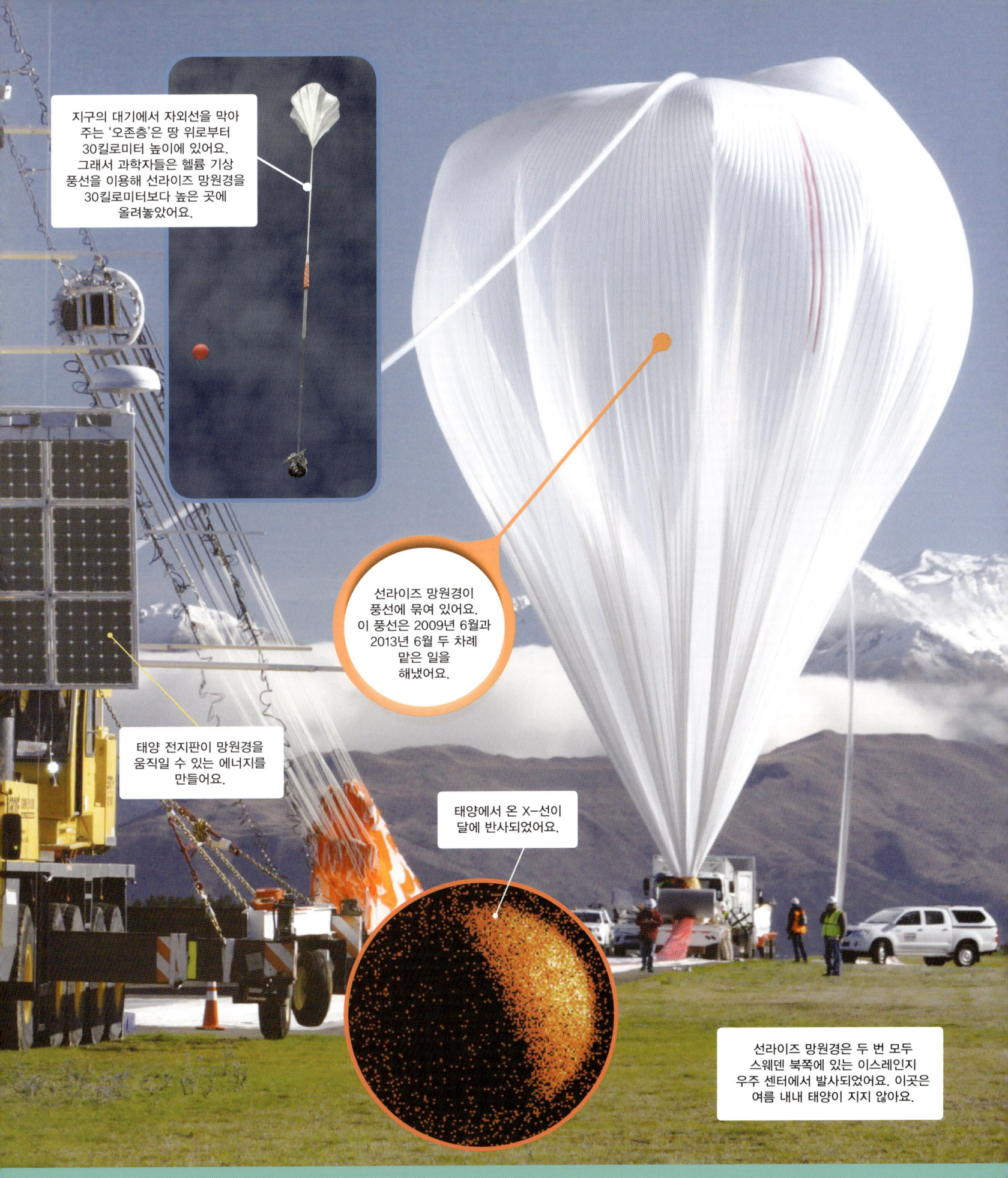

허블 우주 망원경

'허블 우주 망원경'은 최초로 우주에 발사한 대형 가시광선 망원경이에요. 지구 대기 밖에 있기 때문에 가장 깨끗하고, 밝고, 뚜렷하게 우주를 보여 줘요.

허블 우주 망원경에는 여러 가지 카메라와 관측 장비를 설치할 수 있는 곳이 네 군데 있어요.

전파 안테나는 다른 인공위성들을 이용하여 허블 우주 망원경을 지구에 있는 조종 장치와 연결해 줘요.

특별한 덮개가 태양빛 또는 아주 차갑거나 뜨거운 온도로부터 거울을 보호해 줘요.

허블 우주 망원경은 다섯 번에 걸쳐 수리하고 장비를 바꿨어요. 우주 비행사들이 우주 왕복선을 타고 가서 일했지요. 2009년에 마지막으로 수리했어요.

알고 있나요? 망원경을 우주에 보내야겠다고 처음 생각한 해는 1923년이에요.

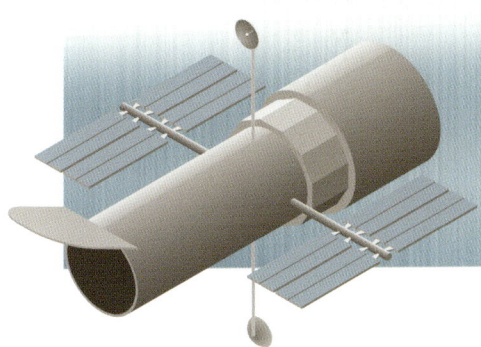

이름 : 허블 우주 망원경
발사한 해 : 1990년
거울 지름 : 2.4미터
길이 : 13.2미터
무게 : 1만 1110킬로그램

망원경 프로필

훌륭한 설계

허블 우주 망원경은 미국 천문학자 에드윈 허블의 이름에서 따왔어요. 1990년에 우주 왕복선 '디스커버리호'에 실어 보냈지요. 허블 우주 망원경은 30년 가까이 맡은 일을 하고 있어요. 처음 만들 때부터 우주에서 장비를 바꾸거나 수리할 수 있도록 설계한 덕분이에요.

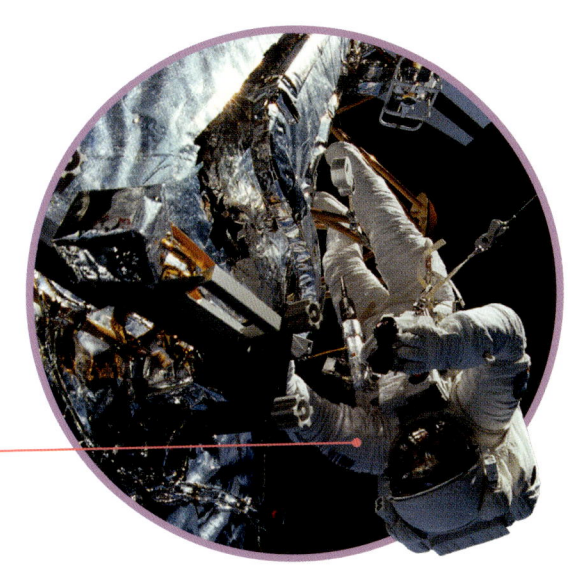

우주 비행사가 허블 우주 망원경을 수리하고 있어요.

태양 전지판은 1200와트의 전기를 만들어요. 이 전기로 우주에서 망원경이 작동할 수 있어요.

허블 우주 망원경이 밝힌 우주의 신비

허블 우주 망원경은 아주 중요한 사실들을 밝혀냈어요. 별이 만들어지는 모습을 처음으로 크게 보여 주었어요. 또 우주에서 가장 큰 별과 가장 멀리 있는 은하들을 발견하는 데 도움을 주었고, 우주가 팽창하는 속도를 측정했지요. 무엇보다도 허블 우주 망원경이 찍은 사진들은 우리에게 우주를 바라보는 새로운 시각을 갖게 했어요.

허블 우주 망원경이 찍은 성단의 모습이에요. 이 커다란 성단은 '우리은하'(98쪽 참고) 중심부에서 가까운 궁수자리에 있어요.

우주 망원경들

지구의 대기는 가시광선과 전파를 빼고는 대부분의 빛을 막아요.
그래서 천문학자들이 다른 파장을 가진 빛으로 우주를 연구하고 싶다면
우주에서 관측해야 해요. 이것을 가능하게 해 주는 게 '우주 망원경'이에요.

우주 망원경의 장점과 단점

대부분의 빛은 지구 대기 밖에서 더 잘 관측할 수 있어요.
우주 망원경들은 우주에서 엄청 많은 정보를 모을 수 있지요.
하지만 우주 망원경은 지구에서 너무 멀리 떨어져 있어서
고장이 나면 그냥 버려두어야 해요. 허블 우주 망원경은
우주 왕복선을 타고 가 수리할 수 있는 궤도에 있는,
하나밖에 없는 우주 망원경이에요.

별 지켜보기

2009년, 나사는 다른 별 주위의 행성을
찾기 위해 '케플러 우주 망원경'을
우주로 보냈어요. 우주 망원경은 낮에도
우주를 관측할 수 있다는 장점이
있어요. 케플러 우주 망원경의 카메라는
백조자리에 있는 어느 한 곳을 몇 년 동안
계속 관측하도록 만들었어요. 별 앞을 지나가는
행성을 관찰하기 위해서예요.

거대한 태양 방패가
'제임스 웨브 우주
망원경'의 거울을
보호해 줘요.

케플러 우주 망원경은
계속 같은 방향을 보기
위해서 지구가 아니라
태양 주위를 돌아요.

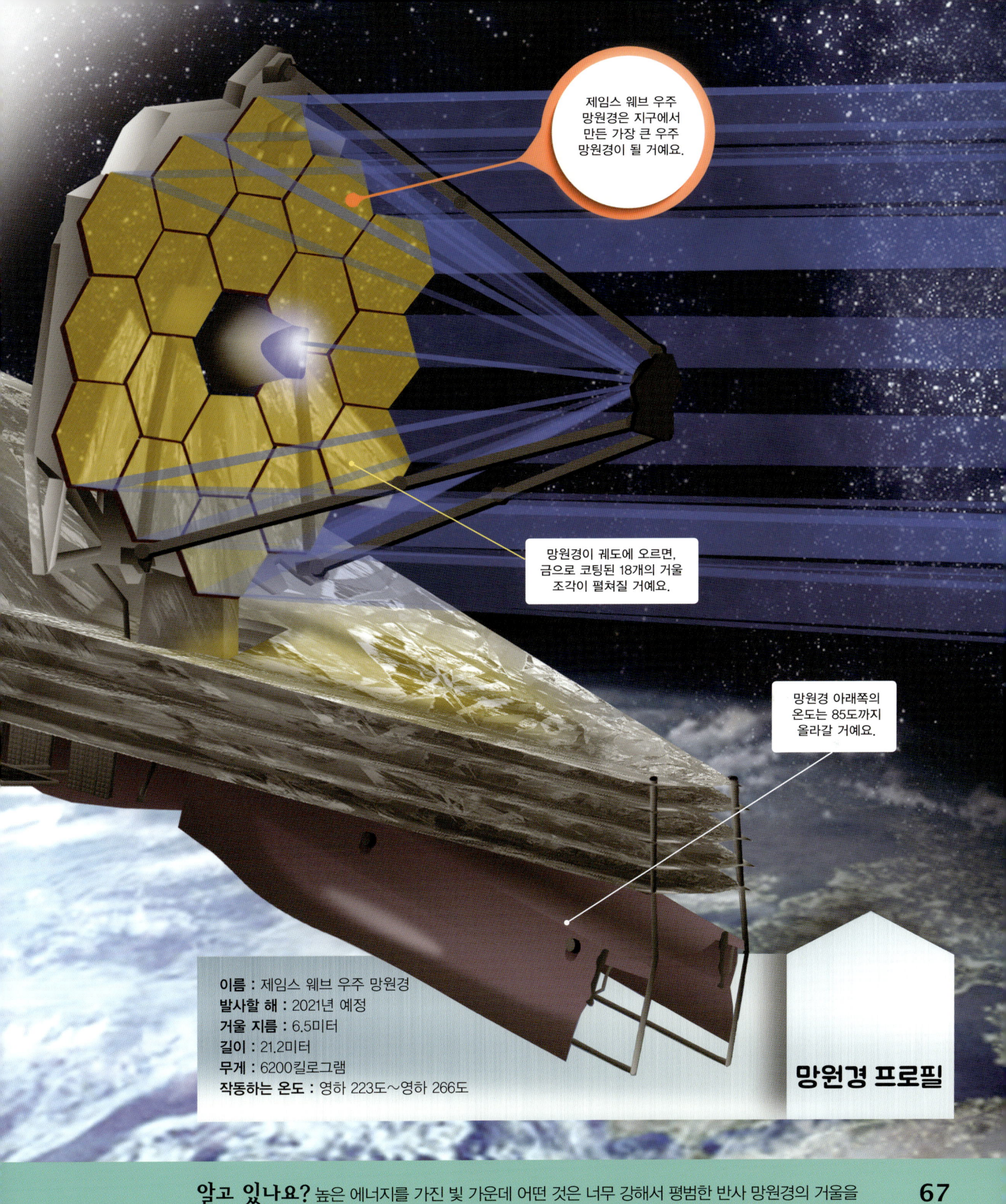

제4장 우주 속의 인간

로켓

로켓이 지구의 대기를 통과하여 우주로 날아가기 위해서는 폭발적인 화학 반응이 필요해요. 로켓 발사는 매우 시끄럽고 값도 비싸요. 하지만 지구 주위를 도는 궤도에 올라갈 수 있는 가장 좋은 방법이에요.

여러 단으로 이루어진 로켓

대부분의 로켓은 자신만의 연료통과 엔진을 가지고 있는 여러 '단'으로 이루어져 있어요. 이 단들은 차례차례로 쌓여 있지요. 맨 위에 있는 단만 화물과 함께 궤도에 올라가고, 아래에 있는 단들은 다시 지구로 떨어지면서 부서져요.

로켓의 단은 주로 연료통과 엔진으로 이루어져 있어요. 맨 위에 있는 작은 화물만 우주로 날아가요.

'부스터' 단은 맨 위에 있는 단의 속도를 높여 주고 다시 지구로 떨어져요.

나사의 우주 발사 시스템은 오리온호(49쪽 참고)를 궤도에 올려놓을 거예요.

제2차 세계대전이 일어났을 때, 'V-2'는 폭탄을 실은 무기로 사용되었어요. 오늘날의 로켓 대부분은 V-2를 바탕으로 만들어지고 있어요.

우주선 프로필

이름 : 새턴 V
발사한 해 : 1967년~1972년
발사 횟수 : 13회
높이 : 110.6미터
지름 : 10.1미터
무게 : 229만 킬로그램

알고 있나요? 1969년, 우주 비행사들을 달에 데려간 '새턴 V 로켓'은 지금까지 만들어진 로켓 가운데 가장 커요.

작용과 반작용

로켓의 운동은 1687년에 영국 과학자 아이작 뉴턴이 발표한 운동 법칙으로 설명할 수 있어요. "모든 작용에는 크기가 같고 방향이 반대인 반작용이 있다." 로켓 엔진이 팽창한 배기가스를 내뿜어 땅바닥을 강하게 밀면 땅바닥도 반작용으로 로켓을 밀어낸다는 뜻이에요. 로켓에서 나오는 기체가 로켓을 밀어 주기 때문에 공기가 없는 우주 공간에서도 로켓이 움직일 수 있어요.

뉴턴이 로켓의 원리를 발견했어요.

4개의 로켓 엔진이 있는 첫 번째 단

개척자들

미국과 러시아(옛 이름 소련)의 '우주 개발 경쟁' 시기가 있었기 때문에 처음으로 인공위성과 우주 비행사가 우주로 나갈 수 있었어요. 두 나라는 상대방을 이기기 위해 경쟁하면서 수많은 발전을 이루어 내고, 수많은 '최초'도 만들어 냈어요.

가가린은 훈련받은 시험 비행사였어요. 하지만 우주선을 조종할 수 있는 기회는 별로 없었어요.

러시아 우주 비행사 유리 가가린은 1961년 4월 12일, '보스토크 1호'를 타고 세계 최초로 우주에 갔어요.

알고 있나요? 우주로 나간 최초의 여성은 1963년, '보스토크 6호'를 탄 발렌티나 테레시코바예요.

달을 향한 경쟁

러시아는 1957년, 최초로 인공위성을 우주에 보냈어요. 4년 뒤에는 최초로 사람을 우주로 보냈지요. 미국은 러시아를 따라잡기 어려울 거라고 생각했어요. 하지만 1969년 7월, 최초로 달에 우주 비행사를 착륙시킨 '아폴로 계획' 덕분에 미국은 우주 개발 경쟁을 승리로 마무리할 수 있었어요.

미국 우주 비행사 닐 암스트롱은 최초로 달에 발을 내디뎠어요.

라이카 이야기

1957년 10월, '스푸트니크 1호'가 성공적으로 발사됐어요. 그러자 러시아의 정치가들은 공학자들에게 새로운 볼거리를 요구했어요. 그 결과가 '스푸트니크 2호'였지요. 스푸트니크 2호는 살아 있는 승객 라이카를 태운 훨씬 더 큰 인공위성이었어요. 이 작은 개 라이카는 떠돌이 개들 가운데에 뽑혀서 특별한 훈련을 받았어요. 그러나 안타깝게도 발사된 지 얼마 안 돼 스트레스 때문에 죽고 말았어요.

라이카는 지구의 궤도를 돈 최초의 동물이에요.

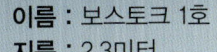

이름 : 보스토크 1호
지름 : 2.3미터
궤도 비행 : 1회
우주 비행사 : 유리 가가린

발사 일자 : 1961년 4월 12일
비행 시간 : 108분
발사 장소 : 카자흐스탄 바이코누르

우주선 프로필

우주 왕복선

우주 개발 경쟁이 끝난 뒤 나사는 새로운 우주선 개발을 시작했어요. 그것은 바로 우주여행을 좀 더 자주 할 수 있고, 다시 사용할 수 있는 우주선이었어요. '우주 왕복선'은 놀라운 일을 많이 했지만, 기대만큼 많이 사용되지는 않았어요. 그리고 2011년에 은퇴를 했지요.

우주 왕복선 발사

우주 왕복선은 큰 화물칸과 로켓 엔진이 달린 비행기 모양의 '궤도선'이에요. 우주 왕복선은 커다란 외부 탱크에서 연료를 공급받아 궤도에 올랐어요. 부스터 로켓 2개가 발사를 도왔지요. 이 부스터들은 발사 과정에서 떨어져 나가요. 하지만 어딘가에서 발견되면 다시 사용할 수 있어요.

우주 왕복선이 나사 케네디 우주 센터의 39번 발사대에서 발사되고 있어요.

바람을 타고 지구로

많은 일을 끝낸 우주 왕복선은 '재진입'이라는 어려운 과정을 거쳐 지구의 대기로 다시 돌아와요. 대기로 들어온 우주 왕복선은 미국의 캘리포니아나 플로리다에 착륙할 준비를 해요. 그리고 시속 약 343킬로미터로 착륙을 시작하면, 뒤쪽에서 낙하산이 펼쳐지고 속도가 줄어들어 멈추게 돼요.

우주 왕복선 아래쪽의 검은색 타일은 재진입을 할 때 생기는 열을 막기 위한 거예요. 그러나 2003년, '컬럼비아호'가 재진입을 할 때 이 타일이 제대로 작동하지 않아서 컬럼비아호는 폭발하고 말았어요.

발사대

우주로 로켓을 발사하는 것은 위험하고 복잡한 일이에요. 그래서 우주 개발을 하는 기관들은 사람이 사는 데서 멀리 떨어진 곳에 크고 특별한 발사 장소를 만들어요.

러시아는 1960년대부터 '소유스 로켓'을 사용했어요.

카자흐스탄 바이코누르에서는 로켓을 커다란 기차에 실어서 옮겨요. 로켓은 발사대에 도착해서야 똑바로 설 수 있어요.

로켓을 발사대에 세우기 전에는 연료를 넣지 않아요.

발사탑은 로켓을 꽉 붙들고 있다가 발사를 시작하면 로켓을 풀어 줘요.

알고 있나요? 소유스 로켓은 1961년, 유리 가가린을 태운 보스토크 1호를 발사한 발사대에서 지금도 발사하고 있어요.

탈출 로켓은 예상하지 못한 일이 일어났을 때, 우주 비행사가 탄 캡슐이 로켓에서 떨어져 나갈 수 있게 해요.

임무 조종실

로켓 발사는 발사 장소에 있는 조종실에서 관리해요. 하지만 로켓이 발사대를 안전하게 떠나고 나면 멀리 떨어져 있는 다른 조종실에서 로켓을 관리해요. 예를 들어, 텍사스주 휴스턴에 있는 나사 임무 조종실은 플로리다주 케이프커내버럴에 있는 발사대에서 1500킬로미터 이상 떨어져 있어요.

전문가들이 조종실에서 우주선 시스템을 확인하고 있어요.

떠 있는 발사대

시런치(Sea Launch)는 바다에서 로켓을 발사할 수 있는 해양 발사대를 만드는 회사예요. 이 발사대를 '오션 오디세이'라고 해요. 로켓 발사 장소가 태평양의 적도와 가까울수록 지구의 자전 속도를 이용해서 로켓의 속도도 높일 수 있어요. 그러면 연료를 줄이고 짐을 더 많이 실을 수 있으니까 비용도 줄어들겠지요. 또 바다에서 로켓을 발사하면 사람들이 살고 있는 지역에 떨어질 위험도 줄어들어요.

해양 발사대의 사령선과 발사대예요.

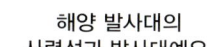

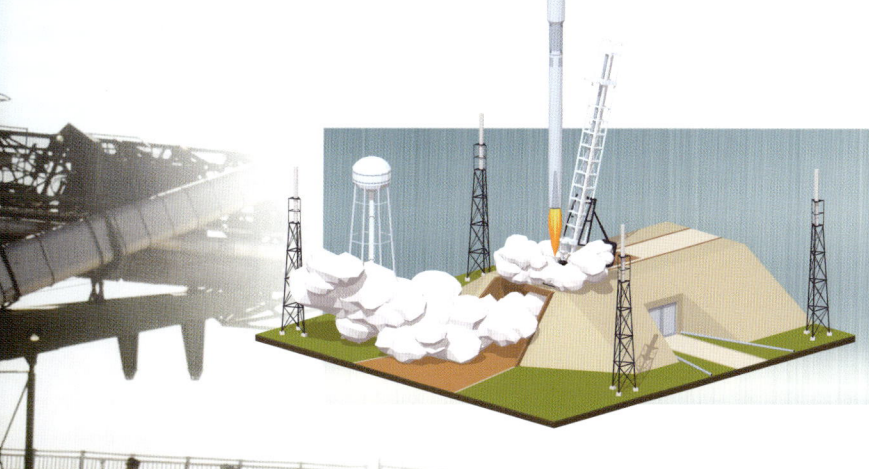

이름 : 소유스 로켓
발사한 해 : 1966년~현재
발사 횟수 : 1700회 이상
높이 : 현재는 49.5미터
무게 : 30만 5000킬로그램

우주선 프로필

우주 비행사 훈련

지금까지 우주에 간 사람은 몇백 명밖에 되지 않아요. 그리고 그들 대부분은 우주에 가기 전에 오랜 시간 훈련을 받았어요. 우주 비행사의 일부는 전문 조종사이고, 대부분은 과학자와 공학자들이에요.

물통 속에서

우주 비행사들은 커다란 우주복을 입고 무중력 상태에서 어려운 임무를 해야 할 때가 가끔 있어요. 이런 상황에 대비하기 위한 가장 좋은 방법은 특별한 물통 속에서 훈련하는 거예요. 우주 비행사들은 우주복을 입고 물속에서 훈련해요. 잠수사들은 안전을 위해 우주 비행사들을 지켜봐요.

우주 관광객

우주 비행사들이 훈련을 받은 전문가만 있는 것은 아니에요. 러시아는 1990년대부터 우주에 가 보고 싶어 하는 부자들에게 우주를 여행할 수 있는 기회를 주고 있어요. 소유스 로켓을 타고 우주를 여행하는 데 드는 돈은 수십억 원이에요. 우주 관광객들은 몇 개월 동안 훈련을 받기는 하지만 전문 우주 비행사가 될 정도는 아니에요.

우주 비행사들은 커다란 우주복을 입고도 일할 수 있도록 만들어진 특별한 도구를 사용해요.

텍사스주 휴스턴에 있는 나사의 중성 부력 실험실은 세계에서 가장 큰 잠수용 물통이에요.

공기 주머니가 우주 비행사들이 물속에서 떠오르거나 가라앉지 않도록 도와줘요. 이것을 '중성 부력'이라고 해요.

모형 우주 정거장 일부가 우주에서의 임무를 훈련하는 데 사용돼요.

영국의 물리학자 스티븐 호킹이 저중력 비행을 하고 있는 모습이에요.

뜨느냐, 가라앉느냐

우주 비행사들은 '저중력 비행기'로 짧은 시간 동안 무중력 상태를 경험할 수 있어요. 저중력 비행기는 아주 높이 올라간 다음 지구가 당기는 중력과 같은 속도로 떨어져요. 비행기 안에 있는 사람과 물건이 비행기와 같은 속도로 떨어지기 때문에 한 번에 최대 25초 동안 중력이 0인 무중력 상태가 되는 거예요.

알고 있나요? 중성 부력 실험실에는 물이 2만 3500킬로리터나 들어 있어요.

초기 우주 정거장

우주 정거장은 우주 비행사들이 몇 주 또는 몇 개월 동안 살면서 일을 할 수 있도록 만든 기지예요. 지구 주위를 돌고 있지요. 최초의 우주 정거장은 1970년대에 러시아와 미국이 발사했어요. 러시아는 그 뒤 20년 동안 계속해서 우주 정거장을 발전시켰어요.

기록 세우기

러시아는 1971년부터 '살류트'라는 이름의 우주 정거장 일곱 대를 발사했어요. 한편, 나사는 1973년에 '스카이랩'이라는 이름의 우주 정거장 한 대를 발사하여 1974년까지 세 명의 우주 비행사를 보냈어요. 러시아는 1986년부터 우주 비행사가 몇 개로 나뉜 공간에서 생활과 일을 할 수 있는 궤도 실험실 '미르'를 만들었어요. 미르에서 우주 비행사들은 최초로 우주에서 1년을 보낸 기록을 포함해 여러 기록을 남겼지요.

미르의 안쪽 공간은 시간이 흐를수록 지저분하고 어수선해졌어요.

미르에 결합되어 있는 소유스는 예상하지 못한 일이 일어났을 때 우주 비행사들을 구조하는 데 이용되었어요.

우주선 프로필

- 이름 : 스카이랩
- 발사 일자 : 1973년 5월 14일
- 넓이 : 17미터
- 길이 : 25.1미터
- 완전히 끝낸 임무 : 3개
- 탑승 인원 : 임무 하나당 3명
- 재진입 : 1979년 7월 11일(불에 타서 서호주에 추락했어요.)

우주에서 만나기

1995년부터 1998년 사이에 미국의 우주 왕복선과 우주 비행사들이 미르 우주 정거장을 여러 번 방문했어요. 미국 우주 비행사들은 임무 중간에 잠시 미르에 머무르기도 했어요. 그리고 우주 왕복선은 미르에 화물과 도구를 가져다주었어요.

미르는 10년 동안 발사된 일곱 대의 모듈을 결합해 만들었어요.

각각의 모듈에는 전기를 만들기 위한 태양 전지판이 있어요.

'애틀랜티스호'는 미르와 결합하기 위해 특별히 설계된 우주 왕복선이에요.

'크반트-2 모듈'은 우주 정거장에서 생활하는 사람들이 늘어나면서 추가적인 생활 공간이 되어 주었어요.

알고 있나요? 1997년, 무인 우주 공급선이 미르와 충돌했어요. 그래서 우주 비행사들이 미르를 떠나야 할 뻔했어요.

국제 우주 정거장

'국제 우주 정거장'은 사람이 우주에 만든 아홉 번째 우주 정거장이에요.
또한 16개 나라가 참여해 함께 만든 최초의 우주 정거장이기도 해요.
국제 우주 정거장은 지금까지 만들어진 우주선 가운데 가장 크고 비싸요.

태양 전지판

국제 우주 정거장에는 여덟 쌍의 태양 전지판이 있어요.
태양 전지판은 태양에서 오는 에너지를 전기로 바꿔 줘요.
'트러스'는 서로 다른 모듈을 연결해 주고요. 트러스에는 전선과
기계를 위한 냉각선, 그리고 움직이는 수송 레일이 있어요.
태양 전지판과 로봇 팔도 트러스에 붙어 있지요.

국제 우주 정거장의 태양 전지판은 최대 110킬로와트의 전력을 만들 수 있어요.

즈베즈다 결합 포트

태양 전지판

태양 전지판의 길이는 보잉 777 비행기의 날개보다 더 길어요.

알고 있나요? 국제 우주 정거장의 주 로봇 팔인 '캐나담2'의 길이는 16.7미터이고, 최대 116톤의 무게를 들어 올릴 수 있어요.

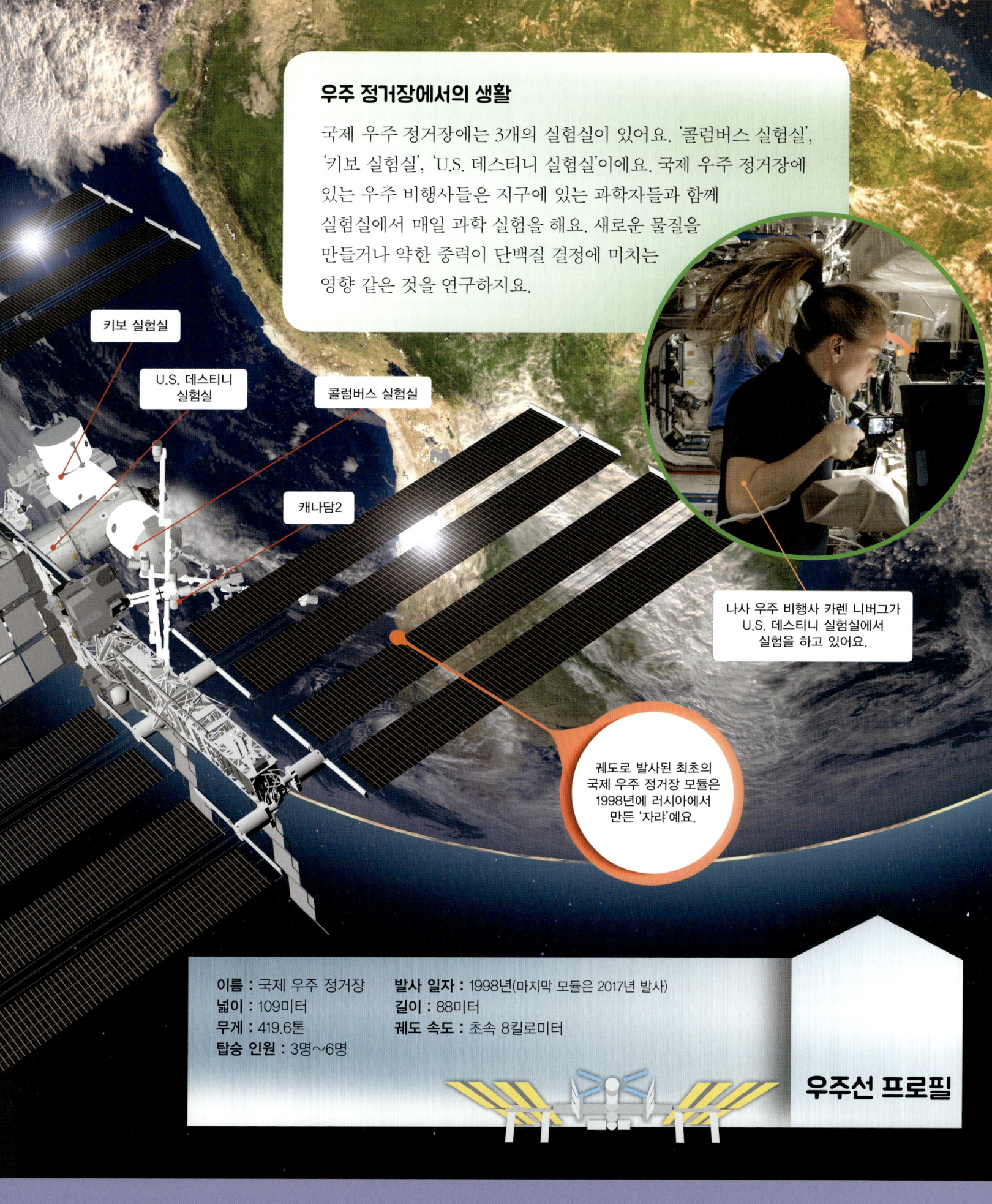

우주 정거장에서의 생활

국제 우주 정거장에는 3개의 실험실이 있어요. '콜럼버스 실험실', '키보 실험실', 'U.S. 데스티니 실험실'이에요. 국제 우주 정거장에 있는 우주 비행사들은 지구에 있는 과학자들과 함께 실험실에서 매일 과학 실험을 해요. 새로운 물질을 만들거나 약한 중력이 단백질 결정에 미치는 영향 같은 것을 연구하지요.

- 키보 실험실
- U.S. 데스티니 실험실
- 콜럼버스 실험실
- 캐나담2

나사 우주 비행사 카렌 니버그가 U.S. 데스티니 실험실에서 실험을 하고 있어요.

궤도로 발사된 최초의 국제 우주 정거장 모듈은 1998년에 러시아에서 만든 '자랴'예요.

우주선 프로필

- 이름 : 국제 우주 정거장
- 넓이 : 109미터
- 무게 : 419.6톤
- 탑승 인원 : 3명~6명
- 발사 일자 : 1998년(마지막 모듈은 2017년 발사)
- 길이 : 88미터
- 궤도 속도 : 초속 8킬로미터

인공위성

인공위성은 지구 주위를 돌면서 여러 가지 일을 하는 로봇 우주선이에요. 날씨를 관측하기도 하고, 지구를 연구하기 위한 사진을 찍기도 해요. 통신과 관련된 일을 하기도 하고, 우리가 길을 찾을 수 있도록 도와주기도 하지요.

인공위성이 있는 여러 궤도들

인공위성은 각자 맡은 일을 하기에 가장 좋은 궤도에 놓이게 돼요. 어떤 인공위성은 대기 바로 위쪽에 있는 지구 저궤도에 올라가요. 또 어떤 인공위성은 훨씬 더 높은 곳에 있는 적도 위쪽의 '정지 궤도'까지 올라가지요. 이곳은 지구 표면의 한 지점에 머무를 수 있는 궤도예요. 지구 표면 전체를 연구하는 인공위성은 지구가 자전하는 동안 지구의 자전축 아래와 위를 도는 기울어진 궤도에 올라가요.

통신 위성은 주로 정지 궤도를 이용해요.

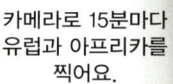

카메라로 15분마다 유럽과 아프리카를 찍어요.

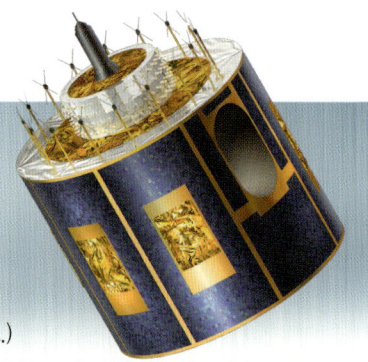

우주선 프로필

이름 : 메테오샛 10
발사 일자 : 2012년 7월 5일
지름 : 3.2미터
높이 : 2.4미터
궤도 높이 : 3만 5786킬로미터
궤도 주기 : 23시간 56분(지구의 자전 주기와 같아요.)

알고 있나요? 인공위성 궤도가 높을수록 지구 주위를 도는 시간도 더 오래 걸려요.

통처럼 생긴 인공위성은 1초에 100번을 돌아요.

우주의 조력자들

지구는 둥글기 때문에 직선으로 움직이는 전파를 멀리까지 보낼 수 없어요. 통신 위성이 이러한 문제를 해결해 주지요. 통신 위성은 높은 곳에 떠 있기 때문에 멀리 떨어진 곳에서도 전파를 동시에 볼 수 있어요. 그러니까 두 개의 직선을 따라 한쪽에서 오는 신호를 반사시켜 다른 한쪽으로 보낼 수 있는 거예요.

유럽의 인공위성 '메테오샛'은 적도 위 정지 궤도에서 지구의 날씨를 관측하기 위해 만들어졌어요.

나사의 추적과 자료 전송 위성은 궤도를 도는 우주선과 통신을 하기 위해 만들어졌어요.

1957년 발사된 최초의 인공위성은 '스푸트니크 1호'예요. 84킬로그램의 금속 공처럼 생긴 이 위성에는 신호를 주고받을 수 있는 간단한 기기가 달려 있었어요.

우주 탐사선

인류는 달보다 더 멀리 가 보지 못했어요. 하지만 '우주 탐사선'을 이용해 태양계 곳곳을 탐험할 수 있었지요. 이 로봇 탐사선들은 태양계의 중요한 행성들과 많은 소행성을 방문했어요.

특별한 로봇들

탐사선은 한 가지 임무를 맡을 수 있게 만들었어요. 어떤 탐사선은 다른 행성의 주위를 도는 인공위성이 되고, 어떤 탐사선은 빠른 속도로 날아다니며 행성의 정보를 모으지요. 다른 행성이나 위성에 착륙하여 표면을 가로지르며 움직이는 탐사선도 있어요.

'보이저 2호'는 1970년대와 1980년대에 태양계 바깥쪽의 거대 행성들을 날아서 지나간 두 대의 탐사선 가운데 하나예요.

'카시니-하위헌스호'의 하위헌스 착륙선은 토성의 위성인 타이탄의 대기에 낙하산을 펴고 들어갈 수 있게 만들었어요.

우주선 프로필

이름 : 보이저 2호
발사 일자 : 1977년 8월 20일
무게 : 825.5킬로그램
전력 : 470와트
현재 속도 : 시속 5만 5000킬로미터
목적지 : 목성, 토성, 천왕성, 해왕성

카메라는 긴 팔에 붙어 있어요.

최고 속도로 명왕성까지

대부분의 우주 탐사선은 멀리 떨어져 있는 행성에 도착하는 데 많은 시간이 걸려요. 2006년, 나사는 명왕성까지 9년 만에 갈 수 있는 빠른 속도의 탐사선을 발사했어요. '뉴허라이즌스호'는 지금까지 발사된 우주선 가운데 가장 빠른 시속 5만 6000킬로미터의 속도로 지구를 벗어났어요. 그리고 목성 궤도를 지나면서 목성 중력의 영향을 받아 속도가 더 빨라졌어요.

전기는 아주 적은 양의 방사성 연료로 만들어요.

큰 전파 안테나를 이용해 멀리 떨어져 있는 지구와 신호를 주고받아요.

뉴허라이즌스호는 2015년 7월 14일 명왕성에 도착했어요. 이 탐사선이 몇 시간 동안 수집한 정보를 지구로 보내는 데 걸린 시간은 16개월이었어요.

알고 있나요? 지금까지 다섯 대의 우주 탐사선이 태양계 바깥으로 발사됐어요. 각 탐사선에는 외계인들에게 보내는 지구의 메시지가 담겨 있어요.

미래

1970년대 초반부터 지금까지 우주 비행사는 지구 궤도 바깥으로 여행을 하지 못했어요. 하지만 우주 탐사선 덕분에 태양계에 대한 우리의 생각이 바뀔 수 있었어요. 그리고 몇 년 뒤에는 유인 우주 탐사선의 새로운 시대가 열리게 될 거예요.

화성 테라포밍*

인류가 다른 세계에 새로운 생활 공간을 만들어야 할 때가 되면 달과 화성 가운데 어느 곳이 더 좋을까요? 화성은 달보다 거리가 멀지만, 우리에게 훨씬 더 많은 것을 줄 수 있어요. 과학자들은 앞으로 화성의 기후를 '테라포밍' 하여 지구와 아주 비슷한 환경으로 바꿀 수 있을 거라고 믿고 있어요.

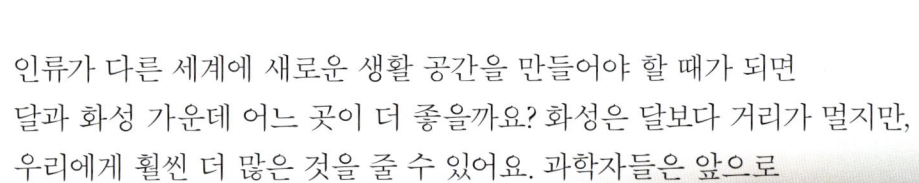

화성의 대기는 얇고 독성이 강해요. 그래서 생활 돔 안에 지구와 비슷한 공기를 담아 두어야 해요.

달의 남극에 있는 얼음은 아마도 혜성과 충돌하면서 생긴 것 같아요.

달의 극지방에서 살기?

사람들이 머무르며 살 수 있는 최초의 공간은 화성이 아닌 달이 될 가능성이 높아요. 생활에 필요한 대부분의 물품은 지구에서 가져와야 해요. 하지만 달의 남극에 있는 크레이터에서 얼음을 발견했기 때문에 우주 비행사들이 물을 찾을 수 있을 거예요. 이 물은 마실 수도 있고, 전기를 만들거나 공기를 만드는 데 사용할 수도 있겠지요.

*테라포밍 : 화성이나 금성의 생태계를 지구와 비슷하게 만들어 사람과 지구 생물이 살 수 있게 바꾸는 과정.

우주선 프로필

- **이름** : 행성 간 운송 시스템
- **회사** : 스페이스 X
- **발사할 해** : 2020년대 예정
- **높이** : 122미터
- **무게** : 1050만 킬로그램
- **탑재 화물** : 지구 궤도에서 연료를 공급받으며 화성까지 45만 킬로그램 운반

스페이스 X의 로켓은 최초의 도시를 만드는 데 필요한 수백 명의 사람 또는 엄청난 양의 화물을 지구에서 화성으로 옮길 수 있어요.

대기가 두터워지면, 작은 비행기를 사람이나 물건을 나르는 데 사용할 수 있어요.

테라포밍에서 꼭 필요한 과정은 태양의 열을 가두어 두는 방법을 만들어서 화성이 너무 추워지지 않도록 하는 거예요.

물은 수백 년 동안 화성 표면을 흐를 거예요. 그래서 사람과 동물은 보호 장치 없이 밖으로 나갈 수 없더라도 식물들은 잘 자랄 수 있어요.

거친 환경을 견디어 낸 물곰과 같은 지구의 생물들은 다양한 환경에서 살 수 있어요. 이들은 아마 오늘날에도 화성에서 살 수 있을 거예요.

알고 있나요? 화성의 중력은 지구의 40퍼센트밖에 되지 않아요. 그래서 화성에서 살던 사람이 지구로 돌아오면 생활이 힘들 만큼 근육이 약해질 수 있어요.

제 5장 우주에 대한 모든 것

우주

우주는 우리가 볼 수 있는 것보다 훨씬 더 멀리, 모든 방향으로 펼쳐져 있는 공간이에요. 우주에는 우리가 셀 수 있는 것보다 훨씬 더 많은 은하와 별, 행성이 있어요.
가장 좋은 망원경으로도 볼 수 없는 수많은 물질들이 있지요.

과거를 보여 주는 빛

우리는 빛을 통해 우주의 다른 곳을 볼 수 있어요. 빛은 우주에서 가장 빨라서 우주의 먼 거리를 잴 때 광년이라는 단위를 사용하지요. 빛은 떨어져 있는 거리가 멀수록 지구까지 오는 데 더 오랜 시간이 걸려요. 그래서 같은 빛이라고 해도 먼 곳에서 온 빛이 가까운 곳에서 온 빛보다 더 오래전에 출발한 빛이라는 걸 알 수 있어요.

우리가 보는 먼 우주는 수천 년 전에서 수십억 년 전에 지구를 향해 출발한 빛이 보여 주는 모습이에요.

인공위성이 지구 궤도를 벗어나려는 힘과 지구가 인공위성을 끌어당기는 힘이 같아서 인공위성은 휘어진 공간으로 떨어지지 않아요.

휘어진 공간

공간은 '질량'을 가진 물체 때문에 여러 방향으로 휘어질 수 있어요. 이것이 중력의 원인이에요. 공간을 편평한 고무판이라고 생각해 보세요. 만약 무거운 물체가 떨어져서 고무판이 휘어지면, 근처를 지나가는 물체의 경로*도 바뀌게 돼요.

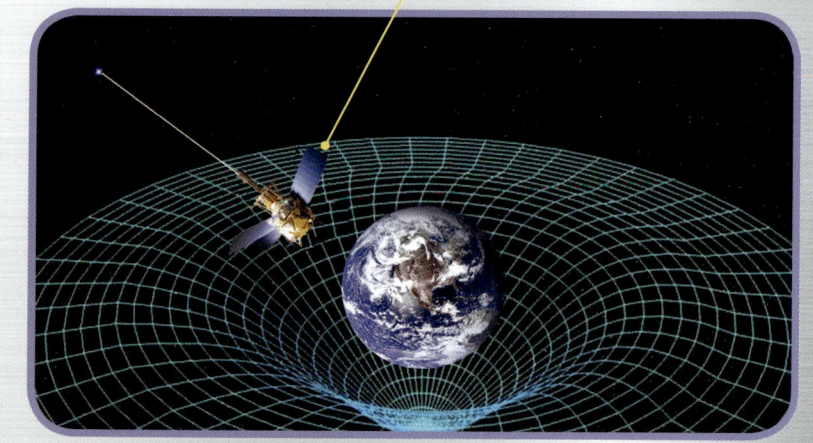

*경로 : 지나는 길.

우주에서 우리 눈에 보이는 것은 대부분 별, 기체, 먼지예요. 나머지 물체들은 보기 어려워요.

우주에 있는 물질 가운데 6분의 5는 '암흑 물질'이에요. 빛을 내지도, 반사시키지도 않아서 볼 수 없지요.

은하 4만 5000개의 위치를 표시한 지도예요. 우주 전체로 보면 작은 부분일 뿐이에요.

알고 있나요? 우주에는 2000억 개의 은하가 있어요!

빅뱅

우주는 138억 년 전에 일어난 엄청나게 큰 폭발로 태어났어요. 이 폭발을 '빅뱅' 또는 '대폭발'이라고 해요. 빅뱅은 우주에 있는 모든 물질뿐만 아니라 시간과 공간도 만들었어요. 그러므로 빅뱅이 어디에서, 언제 일어났느냐 하는 질문은 의미가 없어요.

우주 팽창을 알아낸 과학자들

1922년, 러시아의 과학자 알렉산드르 프리드만은 우주가 팽창하고 있다고 처음으로 주장했어요. 에드윈 허블이 1929년에 우주가 팽창한다는 사실을 증명했고요. 벨기에 천문학자 조르주 르메트르는 우주 팽창 과정을 반대로 거슬러 올라가면서 연구했어요. 그 과정에서 결국 우주가 뜨겁고 밀도가 높은 하나의 점에서 시작되었다는 것을 밝혀냈지요.

알렉산드르 프리드만은 우주가 팽창한다는 것을 처음으로 주장한 과학자예요.

'대형 강입자 충돌기'는 초기 우주의 모습을 실험하는 장치예요. 빅뱅이 일어나는 순간에 우주가 어떤 모습이었을지 아주 작은 공간에서 만들어 내요.

빅뱅의 시작

빅뱅이 일어날 때 엄청난 양의 순수한 에너지가 나왔어요. 하지만 우주가 팽창하면서 빠르게 식었고, 에너지는 '입자'들 안에 갇혔지요. 처음 몇 분 동안 입자들이 결합하여 '원자'들의 재료가 되었어요. 입자는 물질을 이루는 아주 작은 물체이고, 원자는 화학 원소를 만드는 가장 작은 입자를 말해요.

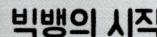

- 빅뱅이 우주의 모든 물질과 에너지를 만들었어요. — **138억 년 전**
- 에너지가 가장 작은 입자들로 바뀌었어요. — **1초 뒤**
- 무거운 입자들이 결합하여 원자의 핵을 만들었어요. '전자'라고 불리는 작은 입자들은 그대로 남아 있었지요. 빛은 입자들의 안개 속에 갇혀 있었어요. — **20분 뒤**
- 전자들이 원자핵들과 결합하여 최초의 원자들을 만들었어요. 안개가 걷히고 우주가 투명해졌어요. — **38만 년 뒤**
- 최초의 별과 '퀘이사 은하'들이 만들어지기 시작했어요. — **1억 5000만 년 뒤**

은하와 별들은 빅뱅이 일어난 지 약 1억 5000만 년 뒤에 만들어졌어요.

우주는 팽창하는 아주 큰 거품과 같아요. 하지만 밖으로 나가는 방법은 없어요.

빅뱅이 일어나는 동안 에너지는 질량으로, 질량은 다시 에너지로 바뀌면서 물질의 재료를 만들었어요.

알고 있나요? 어떤 천문학자들은 우주가 시작된 빅뱅이 여러 번 일어난 빅뱅 가운데 하나라고 이야기해요. 또 우리 우주 말고도 수많은 우주가 있다고 생각하지요. 이것을 '다중 우주'라고 해요.

팽창하는 우주

과학자들은 더 멀리 있는 우주를 관측할수록 은하들이 모두 방향으로 우리에게서 더 빠르게 멀어진다는 것을 발견했어요. 우주 전체가 팽창하여 공간이 늘어나기 때문이에요. 우주가 팽창한다는 사실은 빅뱅으로 우주가 태어났다는 것을 뒷받침해 주고 있어요.

은하들은 풍선에 여러 개의 점을 찍고 크게 불면 점들이 서로 멀어지는 것과 같이 멀어져요. 더 멀리 있는 은하들일수록 서로 더 빠르게 멀어지고 있지요.

138억 년 전, 빅뱅이 우주를 만들어 냈어요.

뿌연 초기 우주에서 에너지가 물질로 만들어졌어요.

최초의 별과 은하들은 아주 가까이 모여 있었어요.

허블의 법칙

1920년대 중반, 에드윈 허블은 은하들의 거리를 잴 수 있는 방법을 찾아냈어요. 1929년, 허블은 은하들이 어떻게 움직이는지 알아보기 위해 은하들의 거리를 재서 비교했어요. 이때 멀리 있는 은하일수록 더 빠르게 멀어진다는 '허블의 법칙'을 발견했어요.

에드윈 허블이 우주가 팽창하는 것을 발견했어요.

알고 있나요? 어떤 천문학자들은 우주가 계속 팽창하면 '빅 립(Big Rip)'이 일어나 우주가 찢어질 수 있다고 생각해요.

우주 배경 복사

1964년에 발견된 '우주 배경 복사'는 우주의 모든 곳에서 오는 '초단파'라고 하는 짧은 전파를 뜻해요. 빅뱅이 일어난 뒤 우주의 온도가 내려가면서 전파로 가득 찼어요. 우주 배경 복사는 우주 팽창에 대한 중요한 정보를 담고 있어요.

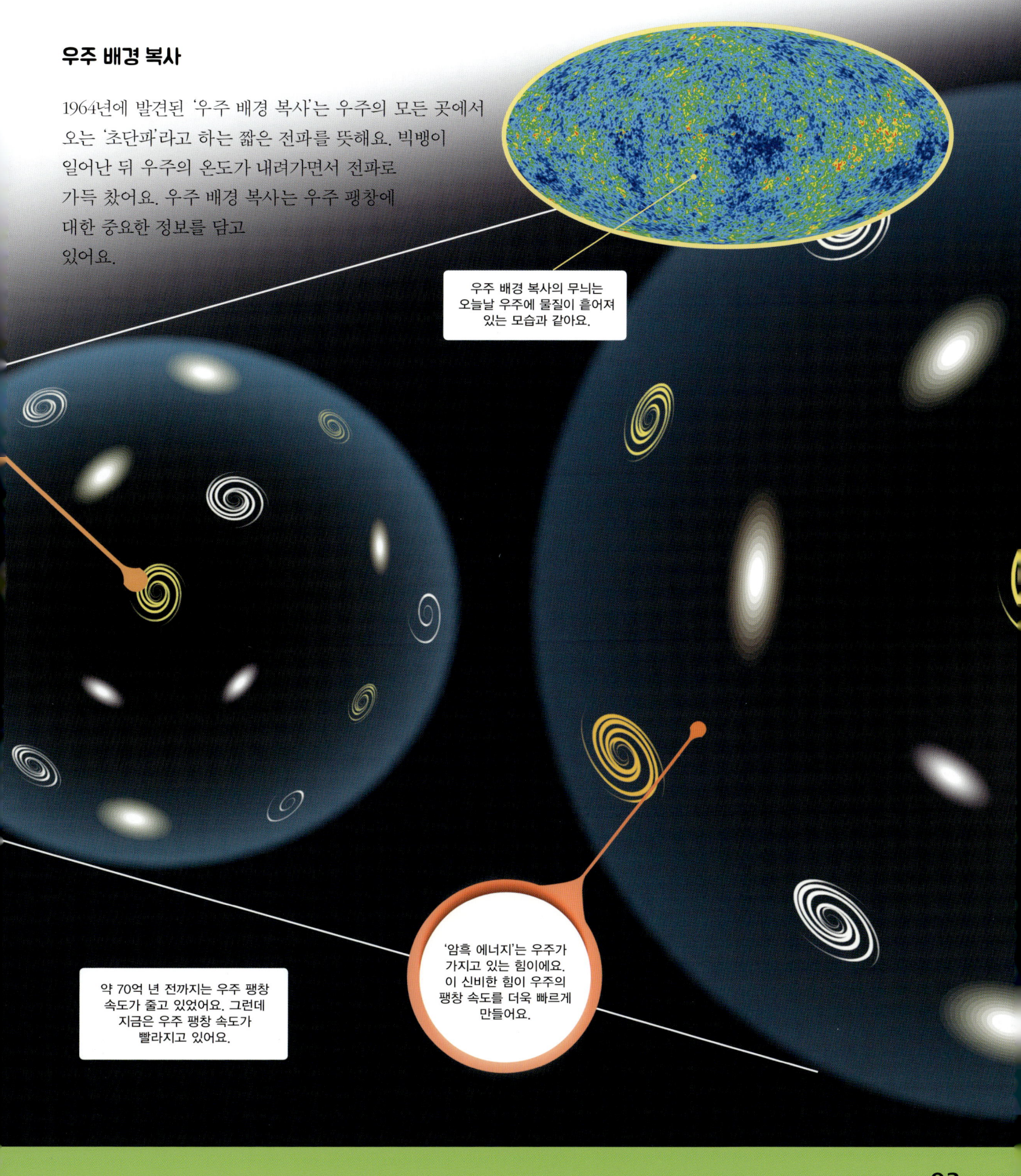

우주 배경 복사의 무늬는 오늘날 우주에 물질이 흩어져 있는 모습과 같아요.

약 70억 년 전까지는 우주 팽창 속도가 줄고 있었어요. 그런데 지금은 우주 팽창 속도가 빨라지고 있어요.

'암흑 에너지'는 우주가 가지고 있는 힘이에요. 이 신비한 힘이 우주의 팽창 속도를 더욱 빠르게 만들어요.

은하들

은하는 별, 기체, 먼지들의 집단이에요. 어떤 것은 수조 개의 별을 가진 아주 큰 은하이고, 어떤 은하는 별이 몇백만 개밖에 없는 작은 구름이에요. 중력으로 서로 묶여 있는 이 구름들은 새로운 별을 만드는 공장이 돼요.

붐비는 우주

은하는 지름이 수만 광년 또는 수십만 광년이나 되는 아주 큰 물체예요. 그리고 강한 중력으로 가까이 있는 은하들을 끌어당기지요. 이것은 어딘가에 함께 모여 있는 은하들이 많다는 뜻이에요. 수백에서 수천 개의 은하들이 모여 '은하단'이 만들어져요. '초은하단'은 은하단이 모인 우주에서 가장 큰 집단으로, 수억 광년 크기에요.

'허블 딥 필드'에는 5500개의 은하가 있어요.

은하의 모양

천문학자들은 은하를 여러 가지로 나누어요. 가장 중요한 은하는 '나선 은하'와 '타원 은하'예요. 나선 은하는 '나선 팔'을 가진 원반 모양으로, 가장 밝은 별들이 모여 있는 은하예요. 타원 은하는 나선 팔이 없는 나선 은하의 중심부 모양으로, 붉은색과 노란색 별들이 모여 있는 은하지요. 수많은 밝은 별이 일정한 모양 없이 모여 있는 '불규칙 은하'도 있어요.

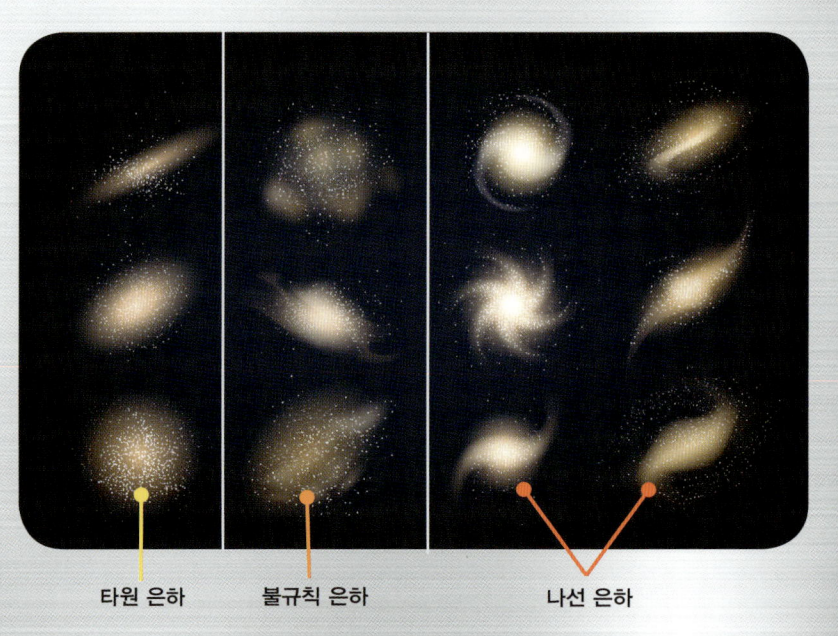

타원 은하 　 불규칙 은하 　 나선 은하

이 사진에서 가장 오래된 은하는 132억 년 전에 만들어졌을 거예요.

허블 우주 망원경이 비어 있는 것처럼 보이는 지역을 23일 동안 찍은 사진이에요.

지구에서 가장 멀리 떨어져 있는 은하는 모양이 없는 덩어리들이에요. 이 은하들은 아직 만들어지고 있어요.

알고 있나요? 천문학자들은 '암흑 은하'도 있다고 생각해요. 암흑 은하는 우리은하와 비슷하지만 별이 거의 없기 때문에 발견하기도 어려워요.

은하가 만들어지는 방법

은하의 종류는 어떤 과정을 거쳐 만들어지느냐와 관련되어 있어요. 은하들은 수십억 년 동안 서로 하나가 되어 더 커졌다가 천천히 다시 처음 모양으로 돌아가요. 또는 완전히 다른 모양으로 바뀌기도 하지요.

뒤죽박죽 은하

은하들은 별이나 행성과 달리 꽤 가까이 모여 있어요. 그래서 자주 충돌하지요. 은하들이 서로 충돌하면 중력이 별들의 궤도를 바꾸고, 복잡한 구름을 만들어요. 은하는 한참이 지난 뒤에야 다시 안정을 찾아요.

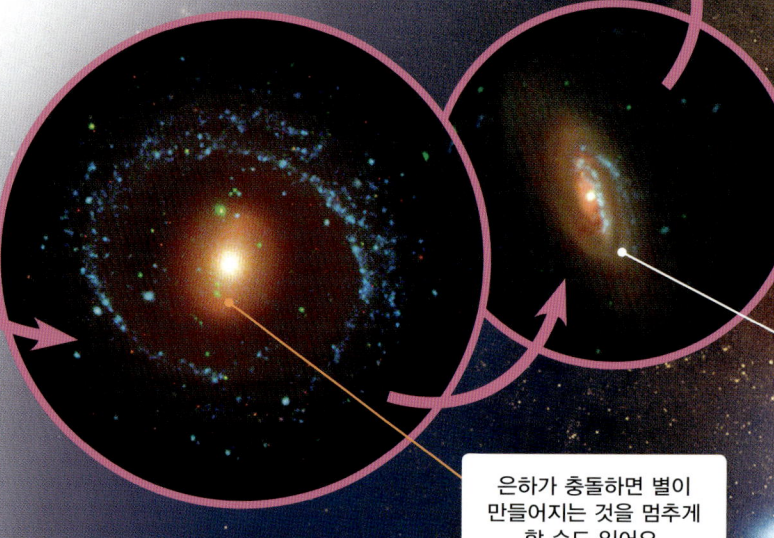

붉은색과 노란색의 늙은 별들이 모여 길쭉한 공 모양이 돼요.

대규모 '별 탄생'은 기체들을 날려 버려서 새로운 별이 만들어지는 것을 멈추게 해요.

은하가 충돌하면 별이 만들어지는 것을 멈추게 할 수도 있어요.

나선 은하에서는 밝은 별들이 나선 팔을 만들어요.

새로운 별, 늙은 별

은하는 기체와 먼지 구름이 넉넉할 때만 새로운 별을 만들 수 있어요. 은하들이 계속 충돌하면 기체가 너무 빨리 움직여서 새로운 별을 만들기가 힘들어요. 그래서 타원 은하에는 기체가 거의 없고, 새로운 별이나 젊은 별도 없어요. 대부분 붉은색과 노란색의 늙은 별만 있지요.

'더듬이 은하'는 나선 은하 2개가 충돌하고 있는 은하예요. 지구에서부터 약 4500만 광년 떨어져 있어요.

두 나선 은하의 중심부는 4억 년 후에 완전히 하나로 합쳐질 거예요.

먼지로 이루어진 띠가 밝은 중심부에서 나오는 빛을 막고 있어요.

충돌하는 기체 구름은 뜨거워지면서 서로 밀어내고, 많은 새로운 별을 만들어요.

이름 : 더듬이 은하
은하 목록 번호 : NGC 4038과 NGC 4039
별자리 : 까마귀자리
지구에서부터 은하까지의 거리 : 4500만 광년
특징 : 두 나선 은하가 충돌하면서 나선 팔이 곤충의 더듬이 모양을 이루고 있는 은하예요.

은하 프로필

알고 있나요? 우리은하도 훨씬 더 작은 은하와 충돌하고 있으며, 그 은하를 완전히 삼킬 거예요.

우리은하

지구가 있는 '우리은하'는 가운데에 별들이 빽빽하게 늘어서 있는 큰 나선 은하예요. 태양계의 행성들은 우리은하의 중심이 되는 별 구름으로부터 약 2만 7000광년 떨어져 태양을 중심으로 편평한 원반 모양의 궤도를 그리며 돌고 있어요.

하늘을 가로지르는 띠

지구에서 우리은하를 바라보면 밤하늘을 둘러싼 빛의 띠처럼 보여요. 이 띠를 '은하수'라고 부르지요. 우리은하는 납작한 원반 모양이기 때문에 원반 모양을 따라 별이 많고 그 위나 그 아래로는 별이 적어요. 그리고 은하의 중심부가 별이 많아 가장 밝게 보여요.

은하수는 수많은 희미한 별들로 이루어져 있어요. 쌍안경이나 망원경으로 보면 잘 보일 거예요.

은하수의 중심부는 궁수자리에 있어요. 빽빽하게 모여 있는 별과 먼지 뒤에 숨어 있지요.

어둠의 비밀

우리은하의 중심에서 별들은 태양 질량의 수백만 배인 매우 커다란 물체 주위를 아주 빠르게 돌고 있어요. 이 물체는 망원경으로도 직접 볼 수 없어요. 천문학자들은 이 물체를 우리은하가 만들어진 지 얼마 되지 않았을 때 생긴 커다란 '블랙홀'이라고 생각해요. 모든 것이 블랙홀 주위를 돌고 있어요.

은하 프로필

이름 : 우리은하
지름 : 12만 광년
질량 : 태양의 약 1조 2000억 배
우리은하 중심에서 태양계까지의 거리 : 약 2만 7000광년
특징 : 은하 중심에 막대와 4개의 나선 팔을 가지고 있는 나선 은하예요.

우리은하 중심에 있는 블랙홀 주변에서 X-선 폭발이 일어났어요. 이 모습은 블랙홀로 가까이 끌려들어 가는 이 천체의 마지막 순간일 수도 있어요.

우리은하의 지름은 약 12만 광년이지만, 두께는 2000광년밖에 되지 않아요.

은하수의 어두운 부분은 더 멀리 있는 별들을 가리는 먼지 구름 때문에 만들어져요.

알고 있나요? 우리은하의 영어 이름은 '밀키웨이(Milky Way)'예요. '우유의 길'이라는 뜻이지요. 은하의 영어 이름인 '갤럭시(Galaxy)'도 우유를 뜻하는 그리스 단어에서 나왔어요.

99

가까운 은하들

우리은하는 '국부 은하군'에 들어가 있어요. 약 50개의 은하들이 느슨하게 모여 있는 작은 집단이지요. 국부 은하군의 지름은 약 1000만 광년이며 우리은하, '안드로메다 은하', '삼각형자리 은하'가 많은 자리를 차지하고 있어요.

은하를 다스리는 중력

국부 은하군은 이 3개의 은하들이 중력으로 모든 것을 천천히 당기고 있는 공간이에요. 예를 들어, 우리은하와 안드로메다 은하는 서로 잡아당기고 있기 때문에 약 50억 년 후에는 충돌하게 될 거예요.

'타란툴라 성운'은 별이 만들어지고 있는 매우 큰 기체와 먼지 구름이에요. 대마젤란 은하에 있어요.

위성 은하

'대마젤란 은하'와 '소마젤란 은하'는 불규칙 은하로, 국부 은하군에 있는 작은 은하들 가운데 가장 밝아요. 두 은하는 지구의 남반구에서 볼 수 있는데, 우리은하와는 관계없는 은하인 것처럼 보여요. 하지만 이들은 각각 16만 광년과 20만 광년 떨어져서 우리은하 주위를 돌고 있어요. 두 은하는 우리은하의 강한 중력에 영향을 받아 모양이 변하고 있어요.

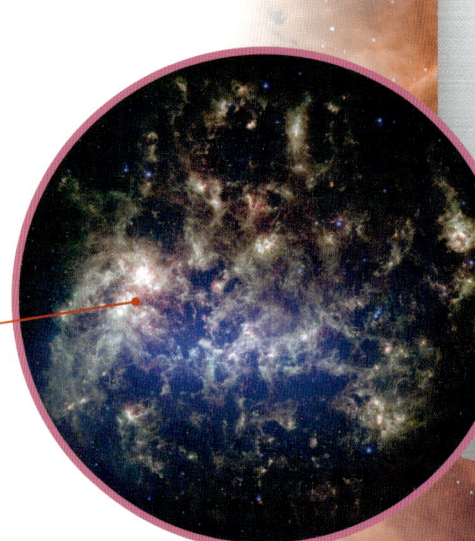

대마젤란 은하를 찍은 적외선 사진이에요. 이곳에서는 많은 별들이 태어나고 있어요.

은하 프로필

이름 : 대마젤란 은하
별자리 : 황새치자리와 테이블산자리
지구에서부터의 거리 : 16만 광년
지름 : 1만 5000광년
특징 : 은하 중심부가 막대 모양이고, 나선 모양의 흔적이 남아 있는 은하예요.

안드로메다 은하는 우리은하와 가장 가깝고, 크기가 거의 같은 나선 은하예요.

새로 태어난 커다란 별 집단의 중심이에요.

새로 태어난 별에서 나온 항성풍이 주위에 있는 기체를 날려 버려요.

알고 있나요? 타란툴라 성운의 중심에 있는 성단에는 지금까지 발견된 별들 가운데 가장 무거운 별이 있어요. 태양보다 약 310배나 무거운, 괴물 같은 별이에요.

101

이상한 은하들

어떤 은하들은 별처럼 빛나면서 별보다 훨씬 많은 자외선, 적외선, X-선을 내보내고 있어요. 이런 은하들을 '활동성 은하'라고 해요. 천문학자들은 아주 커다란 블랙홀이 활동성 은하의 에너지를 만든다고 생각해요.

활동성 은하와 퀘이사

처음 활동성 은하들이 발견됐을 때 그것들은 각각 다른 천체들이라고 생각됐어요. 왜냐하면 어떤 은하는 전파가 나오는 매우 큰 구름이 주위를 둘러싸고 있었고, 어떤 은하는 훨씬 더 밝은 핵을 가지고 있었기 때문이에요. 그 가운데 가장 인상적인 은하는 '퀘이사'였어요. 퀘이사의 핵은 너무 밝게 빛나서 주위 은하에서 나오는 빛이 보이지 않았어요.

'M106 은하'의 핵은 매우 활발하게 움직이기 때문에 밝게 보여요.

퀘이사는 핵 주위에 밝게 빛나는 원반을 가지고 있어요.

'켄타우루스자리 A'는 지구 가까이 있는 '전파 은하'예요.

M106 은하는 중심에 있는 블랙홀 주위에서 가열된 수증기 때문에 많은 초단파를 내보내요.

활동성 은하핵

여러 은하들이 '활동성 은하핵' 때문에 만들어졌어요. 활동성 은하핵은 별, 기체, 먼지가 커다란 블랙홀로 빨려 들어가는 중심 부분이에요. 그래서 엄청나게 뜨거운 원반이 만들어지고, 아주 밝은 빛과 여러 전자기파가 나오지요. 입자들의 '제트'가 원반의 위와 아래로 뿜어져 나와 전파를 내보내는 큰 구름을 만들어요.

활동성 은하핵에서 나오는 제트의 모습이에요.

이름 : M106
별자리 : 사냥개자리
지구에서부터의 거리 : 2350만 광년
지름 : 6만 광년
특징 : 다른 은하들보다 훨씬 밝은 핵을 가지고 있으며, 찌그러진 나선 은하인 '시퍼트 은하' 가운데 하나예요.

은하 프로필

알고 있나요? 은하들이 충돌하면 중심부의 블랙홀을 깨워서 활동성 은하핵으로 만들기도 해요.

암흑 물질

우주는 참 신기해요. 우리가 보고, 측정하는 모든 것이 우주 전체의 아주 작은 부분일 뿐이에요. 우주에는 별, 은하와 같은 눈에 보이는 물질보다 이상한 '암흑 물질'이 다섯 배나 더 많아요. 암흑 물질은 어떤 빛도 빨아들이거나 내뿜지 않기 때문에 전혀 보이지 않아요.

컴퓨터로 그려진 이런 그림을 통해 과학자들은 은하단 같은 눈에 보이는 물질과 비교하여 암흑 물질이 어디에 있는지 연구할 수 있어요.

암흑 물질(보라색)과 보통 물질(노란색)이 우주에 퍼져 있는 모습이에요.

유럽 우주국이 우주로 발사할 '유클리드 위성'은 암흑 물질을 연구할 예정이에요.

망원경 프로필

이름 : 유클리드
발사할 해 : 2020년 예정
거울 지름 : 1.2미터
맡은 일을 하는 기간 : 6.25년
특징 : 암흑 물질이 빛을 어떻게 휘어지게 만드는지 관측하여 입체 지도를 그릴 예정이에요.

알고 있나요? 천문학자들은 발견되지 않은 암흑 물질을 'WIMP(Weakly Interacting Massive Particle)'라고 불러요. '약하게 반응하는 무거운 입자'라는 뜻이에요.

암흑 물질은 무엇일까요?

천문학자들은 암흑 물질을 두 가지로 설명할 수 있다고 생각해요. 하나는 너무 어두워서 망원경으로 찾을 수 없는 행성이나 블랙홀과 같이 작고 빈틈없이 모여 있는 '보통 물질' 덩어리에요. 다른 하나는 요즘 과학 기술로는 알 수 없는 완전히 다른 입자예요. 최근에 보통 물질은 우주를 이룰 만큼의 양은 안 된다는 사실이 밝혀졌어요. 그래서 지금부터는 보통 물질과 완전히 다른 새로운 입자를 찾아야 해요.

암흑 물질을 찾아내는 방법

천문학자들은 중력을 이용해 암흑 물질을 찾아내요. 이 방법은 별과 은하들의 움직임이 바뀌는 것을 보고 처음 발견했어요. 암흑 물질이 중력의 영향으로 공간을 휘어지게 하면, 멀리 떨어져 있는 은하에서 오는 빛도 휘어지는 성질을 이용해 보이지 않는 암흑 물질을 찾아내는 거예요.

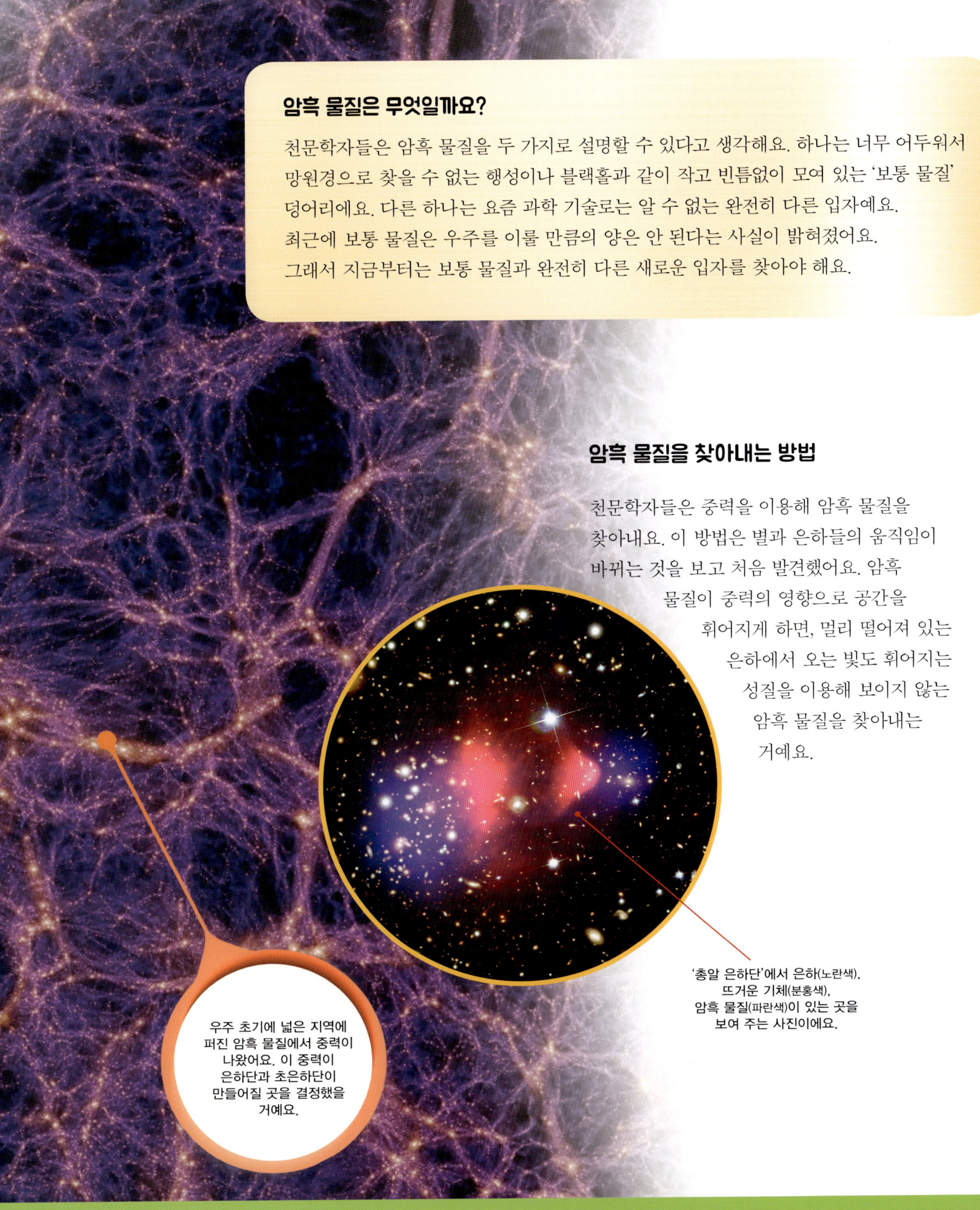

'총알 은하단'에서 은하(노란색), 뜨거운 기체(분홍색), 암흑 물질(파란색)이 있는 곳을 보여 주는 사진이에요.

우주 초기에 넓은 지역에 퍼진 암흑 물질에서 중력이 나왔어요. 이 중력이 은하단과 초은하단이 만들어질 곳을 결정했을 거예요.

외계 생명체

우주에는 정말 우리뿐일까요? 천문학자들이 품는 가장 큰 궁금증 가운데 하나예요. 계속 발견되는 행성과 태양계의 환경을 보면 다른 행성에도 많은 생명체가 있을 것 같아요. 하지만 우리같이 지능을 가진 생명체를 찾아내는 일은 결코 쉽지 않을 거예요.

생명체는 어디에나 있을까요?

박테리아는 하나의 세포로 이루어진 아주 작은 생물이에요. 어떤 박테리아는 도저히 생명체가 살 수 없을 것 같은 곳에서도 살아남아요. 생명체를 이루는 수소, 탄소, 산소 같은 화학 물질은 우리은하 어디에서나 찾을 수 있지요. 만약 조건이 맞는 어디에서나 생명체가 저절로 나타난다면, 우리은하에도 생명체가 많이 있어야 해요. 그러나 지구 밖에서는 아직 박테리아조차 찾지 못했어요.

다른 행성에서 생명체가 태어난다면 아마도 단순한 모습에서 시작될 거예요. 하지만 지구 생명체와 같은 모습으로 진화한다는 뜻은 아니에요.

천체 프로필

이름 : 유로파(목성의 위성 가운데 하나)
지름 : 3100킬로미터
공전 주기 : 3.55일
특징 : 과학자들은 얼음으로 뒤덮인 유로파의 표면 아래 깊은 바다와 해저(바닷속) 화산이 있을 것이라고 짐작하고 있어요. 만약 물이 있다면, 유로파에는 생명체가 있을지도 몰라요.

알고 있나요? 태양계에 있는 위성들 가운데 적어도 6개 위성은 표면 아래에 바다가 숨어 있을 수도 있어요.

많은 사람들이 자신이 외계인에게 납치당했었다고 이야기해요. 그들이 말해 준 회색 외계인의 생김새는 외계인이라기보다 동화에 나오는 괴물에 더 가까워요.

지구에는 외계인이 와서 가져가고 싶을 만한 자원이 거의 없어요.

외계인이 지구에 쳐들어오는 내용을 다룬 영화들이 많아요. 그러나 별 사이를 여행할 수 있는 기술을 가진 생명체라면, 지구에 온다고 해도 우리를 함부로 대하지 않을 거예요.

외계인 침입자들

사람들은 오랫동안 외계인이 지구에 쳐들어와서 우리를 마음대로 조종할 것이라고 상상했어요. 하지만 외계인이 지구에 쳐들어올 가능성은 거의 없어요. 왜냐하면 우주의 별과 행성을 여행하는 일이 너무 어렵기 때문이에요.

제6장 별에 대한 모든 것

별

우리가 밤하늘에서 보는 대부분의 빛은 위성이나 비행기, 행성을 빼면 별이에요.
별은 우주에서 스스로 빛을 만들어서 빛나는 하나밖에 없는 물체예요.
다른 것들은 모두 행성이나 기체 구름과 같이 별빛을 반사하거나 흡수해요.

별의 연료

별은 아주 커다란, 기체로 이루어진 공이에요. 별은 수소와 같은 가벼운 원소를 헬륨과 같은 보다 무거운 원소로 바꾸면서 빛을 내요. 이 과정을 '핵융합'이라고 해요. 하지만 천문학자들은 여전히 '별이 연료를 태운다'고 말해요.

별을 관측하는 방법

아무리 큰 망원경이라도 별을 점으로 보이는 빛보다 크게 보여 줄 수 없어요. 그런데도 천문학자들은 별에 대한 놀라운 사실들을 밝혀냈어요. 별이 내보내는 빛의 파장은 별의 온도와 화학 성분을 알려 줘요. 또 별 2개의 공전 주기와 거리를 측정하면, 별의 질량과 지구에서부터 별까지의 거리를 알 수 있지요.

인공위성 '가이아'는 별 위치의 작은 변화를 이용하여 별이 지구에서 얼마나 멀리 떨어져 있는지 알아내요.

망원경 프로필

이름 : 가이아
거울 지름 : 1.45×0.5미터
임무 : 5년 예정
발사한 해 : 2013년
무게 : 1392킬로그램
특징 : 인공위성 가이아에 달린 망원경으로, 우리은하에 있는 별 10억 개의 정확한 위치를 측정할 예정이에요.

별의 종류

별들은 서로 다른 밝기와 다양한 색깔을 가지고 있어요. 별의 밝기는 빛이 만들어 내는 에너지 양에 따라 달라요. 에너지 양이 많을수록 밝게 보이지요. 그리고 별의 색깔은 표면 온도에 따라 달라요. 표면 온도가 높을수록 파란색을 띠고, 낮을수록 붉은색을 띠지요.

주계열

많은 별을 관측해 보면 규칙을 발견할 수 있어요. 차가운 붉은색 별은 어둡고, 뜨거운 푸른색 별은 훨씬 밝아요. 밝은 붉은색 별이나 어두운 푸른색 별은 아주 드물지요. 별이 태어나서 죽을 때까지 별의 밝기와 온도는 서로 관련이 있어요. 뜨거워질수록 밝아지는 이런 별들을 천문학자들은 '주계열' 별이라고 불러요.

'마녀머리 성운'은 리겔 가까이에서 리겔의 빛을 반사하여 빛나는 먼지 구름이에요.

별 프로필

이름 : 리겔
별자리 : 오리온자리
밝기 : 최소 태양의 12만 배
종류 : 청색 초거성
거리 : 860광년
질량 : 태양의 23배
표면 온도 : 1만 2100도

알고 있나요? 태양은 주계열 별로서 수명 100억 년 가운데 약 절반인 50억 년을 보냈어요. 50억 년이 지나면 적색 거성이 되어 지구를 삼킬 거예요!

'리겔'은 오리온자리의 무릎 부분에 있는 '청색 초거성'이에요.

별의 수명

별의 수명이 얼마나 남았느냐는 별의 질량이 결정해요. 얼마나 많은 연료를 가지고 있고, 그 연료를 얼마나 빨리 태우느냐에 따라 정해지는 거예요. '적색 왜성'은 질량이 작은 별이에요. 그래서 연료를 아주 느리게 태우기 때문에 수백억 년 동안 빛날 수 있어요. 태양과 같은 중간 정도의 질량을 가진 별은 약 100억 년 동안 연료를 태우지요. 질량이 아주 큰 별은 빠르고 밝게 타기 때문에 몇백만 년밖에 살지 못해요.

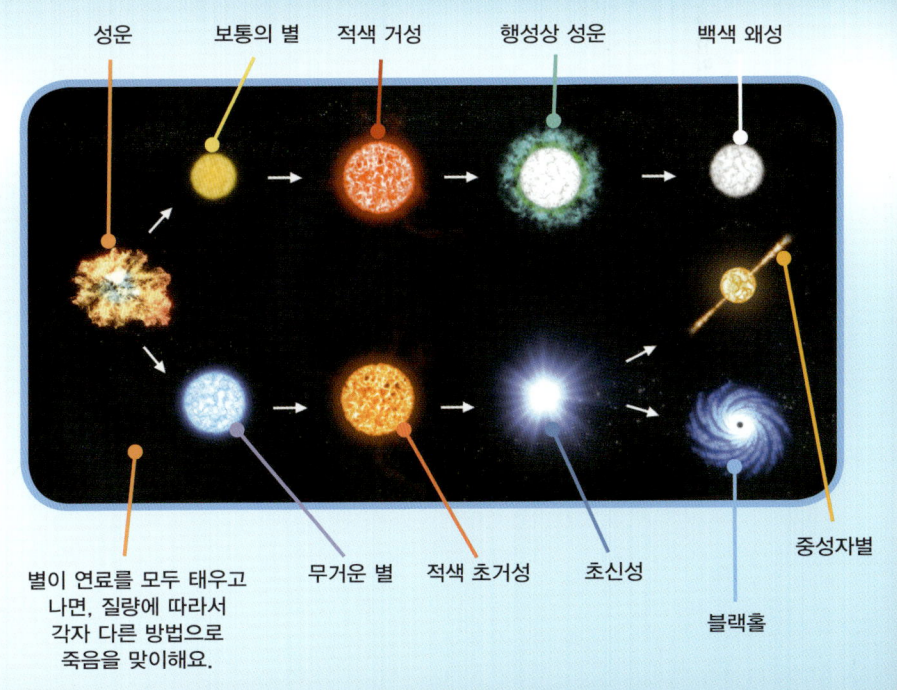

성운 · 보통의 별 · 적색 거성 · 행성상 성운 · 백색 왜성
별이 연료를 모두 태우고 나면, 질량에 따라서 각자 다른 방법으로 죽음을 맞이해요.
무거운 별 · 적색 초거성 · 초신성 · 중성자별 · 블랙홀

별의 탄생

별은 기체와 먼지가 뭉쳐 있는 거대한 구름인 성운에서 만들어져요. 기체 덩어리가 뭉쳐져 밀도*가 높아지면 핵의 온도가 아주 뜨거워지면서 수소가 헬륨으로 바뀌는 핵융합이 일어나요. 핵융합은 빛과 열의 형태로 에너지를 내보내며 별을 만들지요.

새로 태어난 별 때문에 가열된 기체에서 나온 적외선이 성운의 먼지 사이로 빛나고 있어요.

적외선으로 본 오리온자리 '말머리 성운'의 일부분이에요.

아름다운 등장

성운에서 별이 탄생하는 과정은 우주에서 가장 아름다워요. 별의 안쪽이 빛나기 시작하면 가까이 있는 기체를 빛나게 해요. 이때 여러 가지 원소들이 붉은색, 초록색, 노란색과 같은 여러 색깔을 만들어 내지요. 또한 별의 표면에서 뿜어져 나오는 입자의 흐름은 주위를 여러 가지 모양으로 만들어요.

성운 프로필

- **이름** : 말머리 성운
- **거리** : 1500광년
- **크기** : 길이 약 3광년
- **목록 번호** : 바너드 33
- **별자리** : 오리온자리
- **특징** : 말머리 성운 뒤에서 빛나는 밝은 기체 때문에 어두운 기체와 먼지 구름이 보여요.

*밀도 : 일정한 넓이의 크기에 무엇이 빽빽하게 들어 있는 정도.

여러 성운들

용골자리 성운

독수리 성운

말머리 성운

하늘에서 가장 크고, 가장 밝은 성운이지만 남반구 하늘에서만 보여요.

뱀자리에 있는 기체와 먼지 기둥들 안에서 별들이 태어나고 있어요.

말머리 성운은 멀리서 보면 체스 판의 말처럼 보여요.

말머리 성운은 아주 커다란 별 공장 안에 있는 작은 공장일 뿐이에요.

알고 있나요? 오리온자리의 대부분은 별이 태어나고 있는 기체 구름으로 가득 차 있어요. 오리온 성운(127쪽 참고)도 이곳에 있지요.

별의 죽음

별의 핵에서 태울 수소가 모두 떨어지면 별도 죽어 가기 시작해요. 별이 좀 더 오래 빛날 수 있는 여러 가지 방법이 있지만, 결국에는 에너지가 모두 없어져요. 그다음에는 별의 질량에 따라 가벼운 별은 '백색 왜성'이 되고, 무거운 별은 '적색 초거성'이 돼요.

적색 거성

별의 주 연료가 떨어지면 별 안에서 많은 것이 바뀌어요. 별의 핵이 더 뜨거워지면 표면과 가까운 수소를 태우기 시작하지요. 이 과정은 별을 더 밝게 만들기도 하지만 더 크게 만들기도 해요. 별이 커지면 표면이 핵에서 멀어지기 때문에 표면 온도가 낮아져요. 이것을 적색 거성이라고 해요.

'고양이눈 성운'은 1786년에 윌리엄 허셜이 처음 발견했어요.

오리온자리의 '베텔게우스'는 적색 초거성이에요.

폭발적인 죽음

태양과 비슷한 질량을 가진 별은 적색 거성이 마지막 단계예요. 별이 커졌다 작아졌다가를 되풀이하다 결국에는 바깥층을 모두 날려 보내지요. 하지만 질량이 큰 별은 연료를 계속 태워 핵에서 더 무거운 원소들을 만들어요. 그러다 별이 불안정해지면 갑자기 '초신성 폭발'이라는 커다란 폭발이 일어나기도 해요.

초신성 폭발은 아주 드물어요. 짧은 시간 동안 은하 전체보다 더 밝은 빛을 내며 일어나지요.

알고 있나요? 행성상 성운은 우주의 다른 천체들과 비교하면 수명이 짧아요. 어떤 별은 수십억 년을 빛나지만, 행성상 성운은 1만 년밖에 빛나지 않아요.

백색 왜성은 수백만 년 동안 천천히 열을 잃다가 '흑색 왜성'이 돼요.

고양이눈 성운은 아름다운 '행성상 성운'이에요. 태양과 비슷한 별이 죽어 갈 때, 복잡한 거품을 내뿜어서 만들어진 성운이지요.

이름 : 고양이눈 성운
목록 번호 : NGC 6543
거리 : 3300광년
별자리 : 용자리
크기 : 약 0.5광년
특징 : 보이지 않는 쌍둥이별이 만든 것으로 보여요.

성운 프로필

중성자별

커다란 괴물 같은 별이 죽을 때 초신성 폭발이 일어나 별이 부서져요. 이때 남은 것을 '중성자별'이라고 해요. 중성자별에는 태양과 비슷한 질량이 도시 한 개 정도 크기를 가진 공 모양으로 단단히 뭉쳐져 있어요.

우주의 등대

별의 핵이 중성자별로 뭉쳐지면 회전 속도가 아주 빨라지면서 자기장도 훨씬 강해져요. 그러면 별의 모든 전자기파가 두 개의 가는 빛줄기로 모이지요. 그래서 중성자별은 '펄서'라고 부르는, 반짝이는 우주의 등대가 돼요.

가장 빠른 펄서는 1초에 수백 번 회전해요.

중성자별의 안쪽

초신성 폭발이 일어나는 동안 어마어마한 힘이 매우 커다란 별의 핵을 눌러요. 그 과정에서 원자들이 완전히 부서지고 '중성자'가 만들어지지요. 중성자는 양전하를 가진 '양성자'와 음전하를 가진 '전자'들이 합쳐진, 전하가 없는 입자예요. 원자보다도 작지요. 중성자는 별이 부서지는 것을 막아 줘요.

엄청나게 뜨거운 중성자별의 표면은 많은 에너지를 X-선으로 내보내요.

알고 있나요? 1504년에 전 세계의 별을 관측하는 사람들이 초신성 폭발에 대해 기록했어요. 게 성운 펄서는 이때 일어난 초신성 폭발로 만들어졌어요.

'게 성운 펄서'는 중성자별이에요. 황소자리에서 유명한 게 성운의 중심에 있지요.

펄서는 초신성 폭발 때 날아간 '초신성 잔해'들로 둘러싸여 있어요.

중성자별의 자기장은 전자기파를 2개의 빛줄기로 만들어요. 별이 회전하면 빛줄기가 등대 빛과 같이 하늘을 휘저어요. 이렇게 반짝이는 별을 펄서라고 해요.

이름 : 게 성운 펄서
별자리 : 황소자리
회전 주기 : 1초에 29.8번
별의 종류 : 중성자별
거리 : 7200광년
질량 : 태양의 1.4배
온도 : 160만 도

별 프로필

블랙홀

블랙홀은 우주에서 가장 이상한 물체로, 가장 큰 별이 죽으면서 만들어져요. 블랙홀의 중력은 너무 강해서 빛도 들어가면 나올 수 없고, 주위에 지나가는 것은 무엇이든지 끌어당겨요. 블랙홀의 존재를 알리는 유일한 신호는 방사선의 폭발이에요.

블랙홀의 탄생

블랙홀은 죽어 가는 아주 커다란 별에서 생겨나요. 마지막에 별은 스스로 만들어 낸 물질을 모두 뿜어내면서 폭발하기 시작하지요. 이때 별의 질량이 태양 질량의 두 배가 넘으면 중성자별 단계에서 폭발이 멈추지 않아요. 대신, 수축이 계속돼 핵이 아주 작은 크기로 줄어들어요. 그 과정에서 빛이 탈출하지 못할 정도로 중력이 강해진 상태를 블랙홀이라고 해요.

두 블랙홀이 충돌하는 모습을 컴퓨터로 그린 그림이에요.

블랙홀은 직접 관측하기 어려워요. 하지만 블랙홀이 무언가를 끌어들이면 만들어지는 X-선을 관측해 블랙홀이 있다는 것을 알 수 있어요.

망원경 프로필

이름 : 찬드라 X-선 우주 망원경
발사한 해 : 1999년
거울 지름 : 1.2미터
무게 : 4790킬로그램
특징 : 나사에서 발사한 중요한 X-선 우주 망원경이에요. 새로운 블랙홀을 많이 발견했지요.

알고 있나요? 스티븐 호킹은 블랙홀도 천천히 에너지를 잃고, 수십억 년 뒤에는 사라질 것이라고 말했어요.

블랙홀로 떨어지는 물체는 블랙홀 안으로 빨려 들어가기도 전에 중력 때문에 가리가리 찢어져요.

사건의 지평선

블랙홀은 '사건의 지평선'을 가지고 있어요. 사건의 지평선이란 어떤 물질이라도 한 번 들어가면 다시는 돌아올 수 없는 경계를 말해요. 사건의 지평선에서 블랙홀이 끌어당기는 힘을 이기고 탈출하려면 빛보다 빨라야 해요. 또 블랙홀 안에서는 '특이점'이라는 한 점으로 핵이 계속 수축해요.

블랙홀 주변의 꼬여 있는 자기장이 입자를 우주로 뿜어내는 제트를 만들어요.

별 사이의 공간

별 사이의 공간은 텅 비어 있지 않아요. 새로운 별을 만드는 재료인 기체, 먼지, 입자들로 가득 차 있지요. 우리은하를 비롯한 은하들은 아주 큰 재활용 장치와 같아요. 우주에서 같은 재료를 다시 모아 새로운 별을 만들어 내고 있으니까요.

우주의 재활용

우주가 탄생한 뒤, 모든 별은 빅뱅에서 만들어진 가벼운 원소들에 무거운 원소들을 더했어요. 이렇게 만들어진 원소들에는 우리 지구와 생명체를 이루는 아주 중요한 원소도 있어요. 산소나 탄소가 그렇지요. 우리는 모두 별에서 나온 원소들로 이루어져 있어요.

'면사포 성운'은 초신성 폭발의 잔해예요. 5000년 전에 있었던 초신성 폭발 잔해의 거품이 커지고 있는 모습이에요.

별의 탄생 주기

천문학자들은 초신성 폭발의 충격파가 별 탄생 물질로 이루어진 구름과 만나면 별이 태어난다고 생각해요. 팽창하는 초신성 잔해가 별 탄생 성운에 무거운 원소들을 더해 줘요. 원소 가운데 어떤 부분은 새로운 별에 들어가고, 또 다른 부분은 행성을 만들지요.

무거운 원소들은 별 탄생 입자들 사이에서 어두운 먼지를 만들어요.

성운 프로필

이름 : 서쪽 면사포 성운
목록 번호 : NGC 6960
거리 : 1470광년
별자리 : 백조자리
크기 : 약 90광년
특징 : 보름달 넓이의 36배나 되는 초신성 잔해예요.

팽창하는 성운의 기체는 15만 도로 뜨거워져요.

초신성의 잔해는 수소, 산소, 황 같은 원소들로 이루어져 있어요. 이 원소들은 언젠가 새로운 별로 만들어질 거예요.

알고 있나요? 무거운 원소를 많이 가진 별은 더 밝게 빛나지만 수명은 더 짧아요.

별의 집단

'산개 성단'은 수백 개에서 수천 개의 별이 느슨하게 모여 있는 집단이에요. 이 별의 집단은 수천만 년 동안 천천히 흩어지지만, 어떤 별들은 태어나서 죽을 때까지 서로 묶여 있기도 해요.

쌍성계와 다중성계

천천히 회전하며 별을 만들던 기체 덩어리는 가끔 2개 이상으로 갈라지기도 해요. 갈라진 덩어리들이 각자 별이 되면, 서로에게 묶여 궤도를 도는 '쌍성'이나 별의 집단이 되지요. 이것을 '쌍성계' 또는 '다중성계'라고 해요. 쌍성계에 있는 별들은 동시에 태어났기 때문에 별이 태어나서 죽는 과정에 대해 많은 사실을 알려 주지요.

백조자리에 있는 '알비레오'는 푸른색과 주황색 별의 아름다운 쌍성이에요.

'플레이아데스 성단'을 둘러싸고 있는 먼지에 별빛이 반사되어 푸르게 빛나고 있어요.

성단 프로필

- **이름**: 플레이아데스(좀생이별)
- **목록 번호**: M45
- **거리**: 450광년
- **별자리**: 황소자리
- **크기**: 약 30광년
- **특징**: 약 1억 년 전에 만들어진, 적어도 1000개의 별들이 모여 있는 성단이에요.

알고 있나요? '큰곰자리'는 북두칠성이 있는 별자리로 유명해요. 큰곰자리의 가장 밝은 별 가운데 5개는 같은 산개 성단에서 태어났어요.

플레이아데스 성단은 수천 개의 별이 모여 있는 산개 성단이에요. 그 가운데 6개에서 7개의 별을 직접 눈으로 볼 수 있어요.

산개 성단은 대부분 뜨거운 푸른색 별과 흰색 별로 이루어져 있어요. 붉은색 별과 노란색 별도 있지만 더 어둡게 보여요.

나이 드는 성단

산개 성단은 천문학자들에게 별의 탄생과 죽음에 대해 많은 사실을 알려 줘요. 같은 성단에 있는 별들은 모두 동시에 태어나요. 하지만 질량이 가장 큰 별들은 더 밝게 빛나고, 연료를 더 빨리 태우지요. 시간이 지나면 적색 거성이나 적색 초거성이 되어 성단에서 가장 밝은 별이 되었다가 초신성 폭발로 부서져요.

남십자자리는 남반구 별자리에요. 이곳에 있는 '보석상자 성단'에는 밝은 붉은색 별이 있어요.

구상 성단

'구상 성단'은 산개 성단과 완전히 달라요. 수만 개에서 수백만 개의 별이 공 모양으로 단단하게 뭉쳐져 있어요. 구상 성단에 있는 별들은 은하의 다른 곳에 있는 대부분의 별보다 오래된 별들이에요.

멀리 있는 방울

구상 성단은 산개 성단보다 훨씬 더 보기 어려워요. 우리은하의 중심부와 은하 원반의 주위를 둘러싸는 공 모양의 '헤일로'라는 지역에서만 발견돼요. 구상 성단은 지구에서부터 수만 광년 떨어져 있고, 지름이 수십 광년 정도로 작아서 뿌연 방울처럼 보여요.

천문학자들은 우리은하 때문에 부서진 작은 은하의 핵을 '오메가 켄타우리'라고 생각해요.

헤라클레스자리에 있는 'M13'은 북반구 하늘에서 가장 밝은 구상 성단이에요.

구상 성단의 시작

구상 성단에 있는 오래된 별들은 붉은색과 노란색이며 태양보다 가벼워요. 젊고 뜨거운 별이나 별이 태어나는 기체는 없어요. 천문학자들은 구상 성단이 오래전 은하가 서로 충돌하던 기간에 만들어졌다고 해요. 성단에 있는 질량이 커다란 별은 나이가 들어 죽었고, 수명이 긴 붉은색 별과 노란색 별은 지금까지 살아 있어요.

성단 프로필

- **이름**: 오메가 켄타우리
- **거리**: 1만 5800광년
- **크기**: 약 150광년
- **특징**: 약 1000만 개의 별을 가진 우리은하에서 가장 크고, 밀도가 높은 구상 성단이에요.
- **목록 번호**: NGC 5139
- **별자리**: 켄타우루스자리

* 광시: 천체에서 나온 빛이 관측하는 사람에게 도착하기까지의 시간으로, 지구와 태양 사이의 광시는 498.8초.

구상 성단 중심부의 별들은 몇 광시* 정도 떨어져 있어요. 이들은 가끔씩 충돌하면서 결합해 흔하지 않은 푸른색 별을 만들기도 해요.

오메가 켄타우리는 하늘에서 가장 밝고, 밀도가 높은 구상 성단이에요. 남반구에서만 볼 수 있지요.

알고 있나요? 우리은하에는 약 150개의 구상 성단이 있어요. 하지만 멀리 있는 타원 은하 M87에는 1만 2000개가 넘는 구상 성단이 있지요!

외계 행성

지난 몇 년 동안 천문학자들은 태양계 밖에서 별 주위를 도는 '외계 행성'을 수천 개나 발견했어요. 태어나고 있는 행성의 흔적도 많이 발견했지요. 하지만 이 세계는 지구와 다른 점이 아주 많아요.

행성들은 오리온 성운과 같이 무거운 원소로 이루어진, 먼지가 많은 성운에서 태어나요.

행성들은 어떻게 태어날까요?

별은 자신이 태어난 성운에서 벗어나면, '원시 행성계 원반'이라는 편평한 원반으로 둘러싸여요. 시간이 지나면 원반에 있는 물질들이 서로 뭉치기 시작해요. 어떤 덩어리들은 주변에 있는 기체와 먼지를 끌어당길 수 있을 정도로 충분한 중력을 가지게 되지요. 그러면 이 덩어리들은 금방 '원시 행성'으로 자라고, 서로 충돌하여 행성이 만들어져요.

허블 우주 망원경은 오리온 성운에 있는 새로 태어난 많은 별들이 원시 행성계 원반으로 둘러싸여 있는 것을 발견했어요.

알고 있나요? 어두운 적색 왜성 '프록시마 켄타우리'는 지구와 가장 가까운 별이에요. 이 별 주위에는 표면에 액체 상태의 물을 가진 지구와 비슷한 행성이 있다고 짐작하고 있어요.

행성 사냥꾼들은 '뜨거운 목성'을 많이 발견했어요. 뜨거운 목성은 별 주위를 빠른 속도로 공전하고 있는 거대 가스 행성들을 말해요.

행성 사냥

천문학자들은 행성을 찾을 때 두 가지 방법을 이용해요. 하나는 별 주위를 도는 행성이 여러 방향으로 별을 당길 때, 약간 움직이는 별을 찾는 방법이에요. 다른 하나는 행성이 별 앞을 지나갈 때 밝기가 달라지는 별을 찾는 방법이고요. 두 가지 방법 모두 작은 행성들보다 목성과 같은 큰 행성을 더 쉽게 찾을 수 있어요.

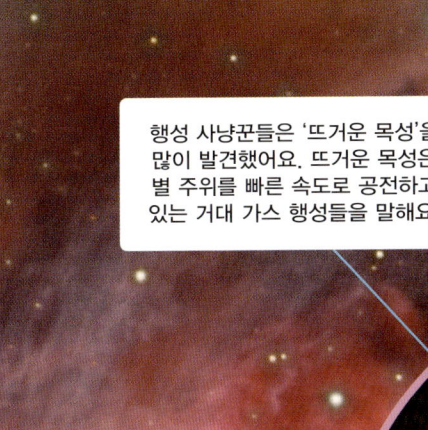

켁 망원경이 찍은 'HR8799'라는 별의 행성계 사진이에요.

성운 프로필

이름 : 오리온 성운
목록 번호 : M42
거리 : 1340광년
크기 : 약 25광년
특징 : 오리온자리에 퍼져 있으며, 매우 커다란 별이 탄생하는 곳의 중심부예요.

용어 소개

- **거대 행성**
기체, 액체, 진창 같은 얼음으로 이루어진 지구보다 훨씬 큰 행성이에요.

- **구상 성단**
우리은하와 같은 은하 주위에서 발견되는 오래된, 수명이 긴 별들이 공 모양으로 모여 있는 성단이에요.

- **궤도**
중력의 효과로 어떤 천체가 우주 공간에서 가지게 되는 고정된 경로를 말해요.

- **극성**
지구의 북극과 남극 가까이에 있어서 지구가 회전해도 하늘에서 움직이지 않는 것처럼 보이는 별이에요.

- **다중성**
2개 이상의 별들이 서로 묶여서 돌고 있는 집단이에요.

- **대기**
행성이나 별을 비롯한 천체들의 중력에 잡혀 이 천체들을 둘러싸고 있는 기체를 말해요.

- **백색 왜성**
태양과 같은 별이 핵의 연료를 다 태운 뒤 핵이 지구 정도의 크기로 수축한 높은 밀도의 별로, 여전히 아주 뜨거워요.

- **산개 성단**
같은 성운에서 태어난 젊고 밝은 별들이 모여 있는 큰 집단이에요.

- **소행성**
태양계가 탄생할 때 남은 물질들로 만들어진 작은 암석 천체예요.

- **스펙트럼**
빛이 프리즘이나 이와 비슷한 기구를 통과할 때 만들어지는 각기 다른 색깔을 가진 빛의 띠를 말해요.

- **쌍성**
서로를 돌고 있는 2개의 별이에요.

- **암석 행성**
대부분 암석과 광물로 이루어져 있는 지구 정도 크기이거나 더 작은 행성이에요. 기체와 수증기로 이루어진 얇은 바깥층을 가지고 있는 경우도 있어요.

- **외계 행성**
태양계 밖의 별 주위를 도는 행성이에요.

- **적색 거성**
생의 마지막에 있는 거대하고 아주 밝은 별로 차갑고 붉은 표면을 가지고 있어요. 핵에서 연료를 모두 사용하여 좀 더 빛나기 위해서 큰 변화를 겪게 될 별이에요.

- **적색 왜성**
질량이 태양의 절반보다 작고, 차가운 붉은 표면을 가지고 있는 어두운 별이에요.

- **전자기 복사**
빛의 속도로 이동하는 에너지의 형태예요. 복사는 운반하는 에너지의 양에 따라 다른 이름으로 불리지요. 전파, 적외선, 가시광선, 자외선, X-선 순으로 낮은 에너지이고, 가장 강한 에너지는 감마선이에요.

- **주계열**
핵에서 중요한 연료인 수소가 헬륨으로 바뀌고 있는, 별의 일생에서 가장 긴 시기예요. 이 시기 동안 별의 밝기와 온도는 서로 관련이 있어요. 밝은 별일수록 더 뜨겁고 더 푸르게 보여요.

- **초신성**
태양보다 훨씬 질량이 큰 별이 엄청난 폭발을 일으키며 죽는 현상이에요.

- **초신성 잔해**
초신성 폭발로 만들어진, 아주 뜨거운 기체로 이루어진 팽창하는 구름.

- **카이퍼 벨트**
해왕성 궤도 바로 바깥에 있는 작은 얼음들의 세계예요. 명왕성은 가장 큰 카이퍼 벨트 천체로 알려져 있어요.

- **퀘이사**
아주 밝은 핵을 가진 멀리 있는 활동성 은하예요.

- **펄서**
빠르게 회전하는 중성자별이에요. 강한 자기력으로 등대 불빛처럼 하늘을 가로지르는 2개의 좁은 광선으로 복사를 내보내요. 지구에서 보면 펄서는 빠르게 반짝이는 별로 보이지요.

- **행성상 성운**
죽어 가는 적색 거성의 바깥 껍질에서 떨어져 나온 기체가 팽창하여 커지는 구름이에요.

- **활동성 은하**
핵에 있는 아주 커다란 블랙홀이 더 많은 빛을 만들어 내는 은하예요.

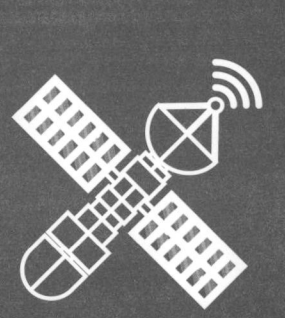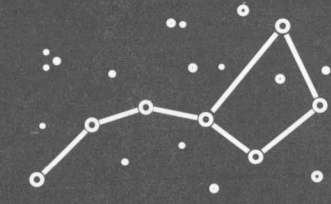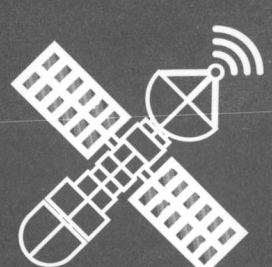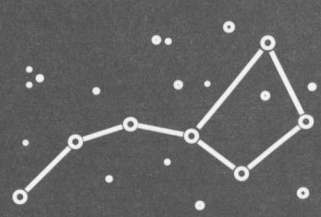